順徳院と日蓮の佐渡

流人二人の生涯

五味文彦

山川出版社

はじめに

古来、佐渡には三つの文化がある、といわれている。それは武士文化、貴族文化、町人文化であり、武士文化とは、佐渡金山とそれを管轄する佐渡奉行所のあった相川中心の文化、貴族文化は、北の大佐渡山脈と南の小佐渡山脈に挟まれた地溝帯の国仲平野の文化、町人文化は、南佐渡の日本海航路の湊町である小木を中心に生まれた文化である。

『古事記』にみえる日本の国生み神話によれば、佐渡島は大八島の七番目に生まれたといい、『日本書紀』の神話には「億岐洲《おきのしま》」「佐度洲《のしま》」が双子として五番目にみえる。佐渡は離島というよりも、国家の重要な部分として位置づけられていた。

佐渡の初見は、『日本書紀』欽明《きんめい》天皇五年（五一三）に「佐渡島」北方の御名部《みなべ》の碕《さ》岸《き》に「粛慎人《みしはせ》」が来航したという記事であり、『続日本紀』文武《もんむ》天皇四年（七〇〇）には、蝦夷に備え「越後・佐渡二国」に越後に設けた磐舟柵《いわふねさく》の修営を命じている。

いったん佐渡は越後国に併合されたが、天平勝宝《てんぴょうしょうほう》四年（七五二）に再び独立した。渤海《ぼっかい》使の佐渡島来朝にともなって外国使応対のもので、佐渡は大陸や北への備えとして重視されていた。北陸道七か国の一つで、面積は小さいにもかかわらず国の等級が「中国」に指定された（『延喜式』）。

もう一つ佐渡を特徴づけるのが、養老《ようろう》六年（七二二）に穂積《ほづみ》朝臣老《おゆ》が反逆罪によって「佐渡島」に流されたことで、これが流人《るにん》の初見であって、佐渡は配流《はいる》の地とされ、神亀《じんき》元年（七二四）の「諸流配遠近の程」では、伊豆・安房・常陸・隠岐・土佐諸国と並ぶ、遠流の地とされた（『続日本紀』）。

奈良時代の佐渡の流人には、天平十四年（七四二）に塩焼《しおやき》王の乱倫行為に座した川辺《かわべ》朝臣東女《あずまめ》がおり、天平宝字《てんぴょうほうじ》元年（七五七）に内匠頭《たくみかみ》安宿《あしゅく》王が橘奈良麻呂《たちばなならまろ》の与党として妻子とともに流されている。いずれも政治犯の性格が強い。

平安時代にも、保元の乱や鹿ケ谷事件などに連座して流され、鎌倉時代には正治《しょうじ》元年（一一九九）に神護寺の文覚《もんがく》が、承元《じょうげん》二年（一二〇八）に専修《せんじゅ》念仏停止により法然門下の法本坊《ほうほんぼう》行空《ぎょうくう》が、承久《じょうきゅう》三年（一二二一）の承久の乱で流された順徳《じゅんとく》院が、文永《ぶんえい》八年（一二七一）に日蓮がいて、国仲平野に多く流されたことで貴族文化が定着した。

その後も京極為兼《ためかね》や日野資朝《すけとも》、世阿弥など佐渡への流人は多くいるなか、佐渡にあって後世に大きな影響を与えるようになったのが、順徳院と日蓮の二人である。そこで本書はその二人の生涯を見てゆくことにしたい。

目次

順徳院と日蓮の佐渡

――流人二人の生涯

一　京の順徳天皇

治世の始まり

順徳天皇は、建久《けんきゅう》八年（一一九七）に後鳥羽《ごとば》天皇の第五皇子守成《もりしげ》として生まれた。母は後鳥羽院が寵愛した修明門院《しゅうめいもんいん》である。父は翌年に譲位、土御門《つちみかど》天皇が践祚《せんそ》したが、これは鎌倉の源頼朝《よりとも》の制止を振り切って行ったもので、院政を行うことで、政治の実権を握り、我が鍾愛《しょうあい》の子守成への位の継承をはかろうと考えたのである。

翌建久九年に法然《ほうねん》が『選択本願念仏集《せんちゃくほんがんねんぶつしゅう》』を著して専修念仏を世に問うと、九条兼実《かねざね》らの貴族や熊谷直実《なおざね》らの武士の間にも信仰が広がった。この時期、栄西《えいさい》が帰朝して禅宗を弘め、兼実の弟慈円《じえん》も、法然の活動に危機感を覚えて、天台教学の興隆を思い立ち、大懺法院《だいせんぽう》という仏教興隆の道場を建てた。

正治《しょうじ》元年（一一九九）三月、後鳥羽上皇は大内の花見で初めて歌を詠んでから、和歌に打ちこむようになり、その上達は早く、翌正治二年に百首歌を詠むよう歌人に命じ、自らも詠んだが、この時の『正治初度《しょど》百首歌』で上皇におおいに認められたのが藤原定家《さだいえ》である。

上皇は、歌人の発掘にも意を注ぎ、建仁《けんにん》元年（一二〇一）七月に和歌所を設け、藤原良経《よしつね》や定家らの歌人を寄人《よりうど》に、鴨長明《かものちょうめい》も見い出して任じ、王朝の文化機構になすと、勅撰集の撰進を定家や藤原有家《ありいえ》、源通具《みなもとみちとも》、藤原家隆《いえたか》・雅経《まさつね》、寂蓮《じゃくれん》らに命じ、元久二年（一二〇五）三月に『新古今和歌集』が奏覧《そうらん》された。しかしそれを契機に上皇の和歌への関心が失《う》せてゆく。

その頃、法然の浄土宗が広がり、元久元年（一二〇四）、比叡山大衆は、法然の専修念仏の停止を朝廷に迫ったので、法然は『七箇条制誡《しちかじょうせいかい》』を起草し、門弟の署名を添え延暦寺に送って弁明した。南都の興福寺も貞慶《じょうけい》が元久二年に「興福寺奏状」を執筆し、「新宗を立つる誤り」「万善を妨ぐる誤り」などを批判した。

念仏停止の宣旨が出されたのは、弟子の住蓮《じゅうれん》や安楽《あんらく》による一念《いちねん》の信で往生する一念義の考えに基づく行動が問題とされたからで、建永《けんえい》二年（一二〇七）に法然は讃岐《さぬき》に流された（建永の法難）。宗論の果てに処刑され、流罪とされたことはこれまでになく、それだけに影響は大きかった。阿弥陀仏を唱え、その救いを一途に求めることを勧めた浄土宗は、この法難を契機に急速に列島の社会に広がった。

上皇は朝廷の権威をとりもどすべく文化的統合をめざした。分散していた天皇家領の長講堂領や八条院領を掌握して経済的に卓越すると、東国を奪い返すべく政治的統合をめざしはじめ、代替わりによって政治体制を整えることへと動いた。

順徳が承元《じょうげん》四年（一二一〇）に即位したのはその動きにともなうものであり、上皇は鍾愛の皇子を即位させたのである。南北朝期に編まれた『増鏡《ますかがみ》』は、「この御子を院（後鳥羽）かぎりなく愛しきものに思ひ」育ててきた、と記している。承元二年十二月に十二歳で元服していたが、その儀式は盛儀で、守成の進退（立ち居振る舞い）は珍重であり満座の賞賛の的であったという。

上皇は代替わりとともに公事や行事の執行を厳しく行う姿勢を打ち出し、建暦《けんりゃく》元年

（一二一一）七月に公事の竪義《りゅうぎ》を二十日から行い、九月二十四日には大嘗会《だいじょうえ》の論議を行った。翌建暦二年正月には慈円を天台座主《ざす》に任じて山門を興行させ、春には「当世の才卿」を召して「理乱安危《りらんあんき》の基」（治世を安泰させる基礎）を答申させ（『明月記』）、三月に二十一カ条からなる建暦新制《しんせい》を出している。

蹴鞠の道

政治への意欲満々の上皇のもとで、順徳は父の好んだ蹴鞠や和歌・管弦に勤《いそ》しむようになる。かつて白河院のもとで、堀河《ほりかわ》天皇が『堀河院百首』を企画するなど、和歌や管絃に勤しんだのと同様であり、建暦元年（一二一一）閏正月に侍従資光《すけみつ》王を召して蹴鞠を行っており、建暦三年四月十日に上皇主催の鞠会が、高陽院《かやいん》の二棟廊の北壺に切り立てが設けられて行われ、これに行幸している。

院の上北面の藤原忠綱《ただつな》や家綱《いえつな》が奉行となり、難波宗長《むねなが》や飛鳥井雅経《あすかいまさつね》ら鞠足《まりあし》らが召されているが、後鳥羽院政期になって、難波家や飛鳥井家など蹴鞠の家が確立するようになっていた。蹴鞠は、通常は四本の懸かりの木の植えられた鞠場で行われた。保元の乱前に難波頼輔《なんばよりすけ》が蹴鞠の上手と言われ、蹴鞠の文化が広まるようになり、保元の乱後に描かれた『年中行事絵巻』(①)には、蹴鞠の図が描かれている。

寝殿の一角の壺庭、鞠庭に立って興じるのは六人の鞠足で、白鞠が高く松と桜の成木の間に上がっており、鞠足が見上げている。その左手には蹴鞠を見物する人、立って見証(判定)する人がいて、壺庭を囲む寝殿には、直衣《のうし》姿の男が階《きざはし》に座っている。この人物は沓《くつ》を履いてこれから蹴鞠を行おうとしていた人物と服装が同じなので、蹴鞠を終えたことで紙に何やら書き付けているのである。

翌十一日には、蹴鞠を順徳、上皇、関白の近衛家実《いえざね》以下、前太政大臣藤原頼実《よりざね》、藤原忠信《ただのぶ》、源有雅《みなもとありまさ》、難波宗長、飛鳥井雅経、藤原範茂《のりもち》、藤原親平《ちかひら》らの後鳥羽院近臣も行った。この時の記録を、順徳がその日記に記している。鞠場は二棟の北壺で、藤原光親《みつちか》が奉行し、蔵人の藤原康光《やすみつ》が鞠会に先立って鞠場に「置鞠」の役を務め、鞠足は北東に頼実と家実、南東に雅経と家長、南西に忠信と順徳、北西に後鳥羽と有雅が立った、という。

この鞠会の様子を、順徳は「上皇、宸儀《しんぎ》(順徳)、摂政・大臣、蹴鞠の事、古今未だその例を聞かず、如法稀代の事なり」と記し(『順徳院御記』)、上皇・天皇がともに鞠足となり、関白や大臣もが加わった鞠会は、まさに前代未聞のことであった。歌人の藤原定家も「是れ末代の勝事なり」と記している(『明月記』)。

順徳は、四月二十七日にも再び高陽院に行幸、二十九日に上皇とともに鞠会を行い、五月四日には上皇の鞠会で技能に優れた鞠足を見物して内裏に戻ると、五月二十六日、二十九日には、自身が鞠会を開くなど、頻繁に鞠会を開くようになった。これに参加した鞠足たちを見ておこう。

藤原定家の子為家《ためいえ》は、順徳の践祚直後に内裏への昇殿を許され、建暦元年(一二一

① 蹴鞠の図 『年中行事絵巻』(田中家蔵)

一）十月には宿所を内裏の登華殿にあたえられるなど、近臣中の近臣であった。定家や為家と親しい藤原宗平《むねひら》（宗経《むねつね》の子）、建暦三年十一月十四日に蹴鞠で昇殿した藤原経《つね》長《なが》（為頼《ためより》の子）、母が順徳の乳母である源資雅《すけまさ》（有雅の子）、院の女房卿二位《きょうのにい》の甥の藤原親《ちか》通《みち》、院の近臣康光も鞠足として加わっている。

『二老革匊話《にろうかくきくわ》』は、「順徳院御代には、常に楽の蹴鞠あり。楽を兼ねたる鞠足ならでは、楽の御鞠には召し加へられず、鞠の達者なれども、楽にたづさわらざる人は、楽の御鞠には見証《けんじゃ》とぞ聞こえし」と記しており、鞠会には音楽のたしなみがある鞠足が参会し、そのたしなみがないと、見物するだけであったという。

管弦の道

順徳は音楽にも堪能であった。建暦元年正月の元服の際、上皇が琵琶「玄上」を弾くのを見ており、十月には御遊、十二月には内侍所神楽《ないしところかぐら》に臨んでいる。内侍所神楽は、神鏡の置かれた温明殿《うんめい》の西面で行われ、弦歌に堪能な殿上人や陪従《べいじゅう》・衛府召人らが、庭燎《にわび》歌・阿知女作法《あちめのわざ》・榊・幣《みてぐら》・杖・篠・弓などの採物歌《とりものうた》集や催馬楽《さいばら》曲、星歌の順で演奏する。図は『楽家録』掲載の内侍所神楽の配置図である（②）。

順徳は、その十六日に装束を着て清涼殿の内侍所に参ると、所作人が着座して三献があり、庭火の儀があった。藤原伊時《これとき》が笛、陪従の遠頼《とおより》が篳篥《ひちりき》、藤原家嗣が和琴、藤原範茂が歌、藤原資雅が歌ったところ、遠くに火事があったのだが、陪従が決まりのままに舞い、四献・五献で終わる。

これに順徳は、無能の召人の中将源時賢《ときかた》と乳母子で十歳の資雅が、火事を見て万事を忘れて拍子をほうり、「立ってとろとろ」歌ったので「比興」（面白い）と記している。無能の召人とは代役である。翌建暦二年の十一月十五日には、国家饗宴の場である清《せい》暑堂《しょどう》神楽があり、十二月二十五日の内侍所神楽に臨んだ順徳は、神楽の有様が良くなく、末代には皆このようだと非難し、さらに神楽の間には三献あるのに二献となって

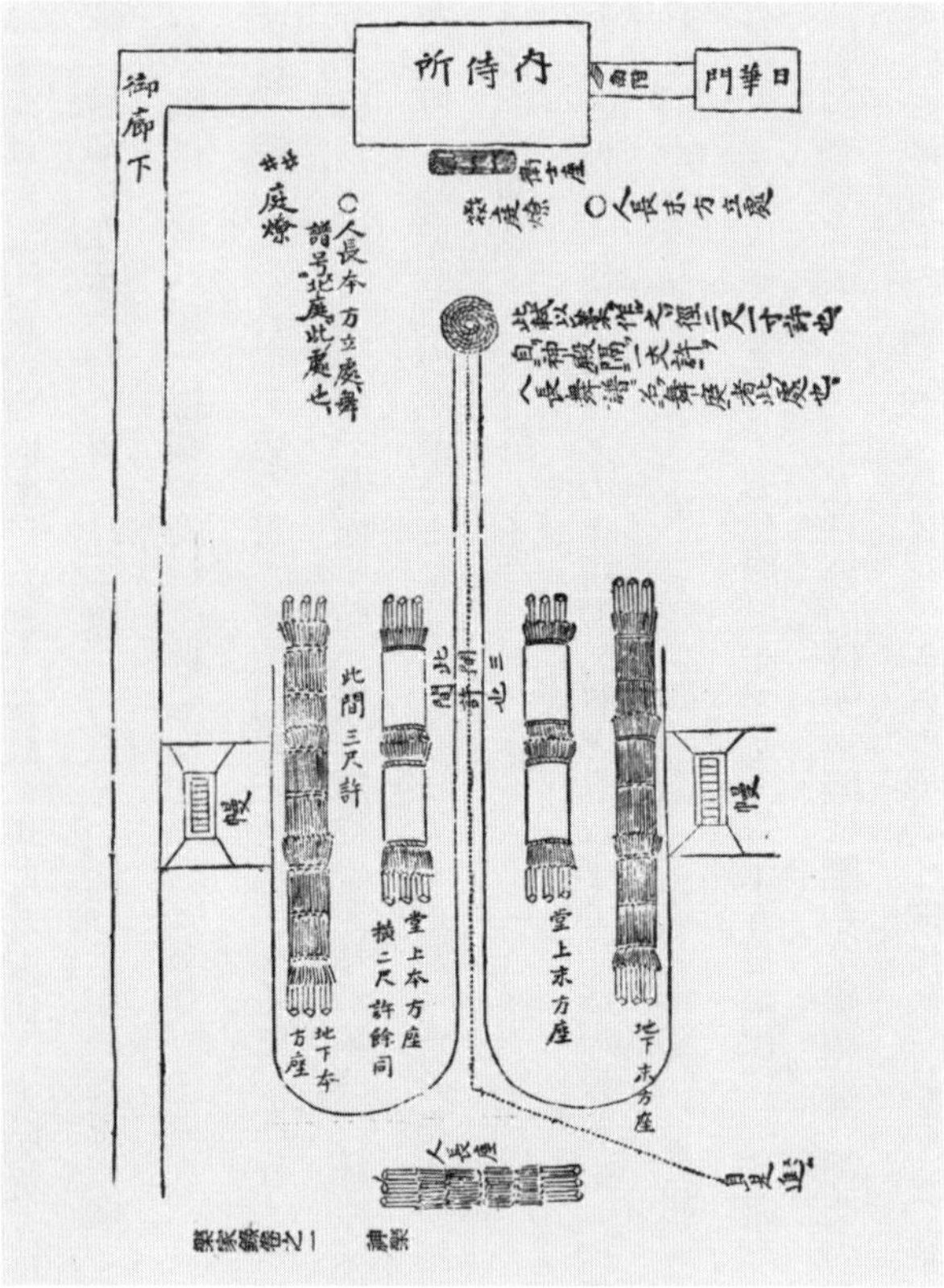

② 内侍所神楽の配置図 『楽家録』(国立国会図書館蔵)

おり、無能の召人には堪能の人が選ばれるのだが、藤原清信《きよのぶ》はまさに無能である、と批判している。順徳は、行事や公事がきちんと行われるよう求めていた。

建保《けんぽう》元年（一二一三）三月の天皇の父母への挨拶の朝覲《ちょうきん》行幸があって、三月十六日に内侍所の臨時神楽が閑院《かんいん》内裏の造営で新所に移して行われた。十一月十一日には五節《ごせち》に臨む。元日・白馬《あおうま》・踏歌《とうか》・端午《たんご》・豊明《とよあかり》の五つの節会のうち五番目の豊明の節会を特に五節と称したもので、「今度五節、院御同宿の間、殊にその沙汰」があって、西の殿上を五節所、公卿の座を帳台とし、殿上人が参上した（『仲資王記』『明月記』）。

この日の殿上淵酔《えんすい》について、『源家長《いえなが》日記』は「五節所のよそほひさらにもいはず、殿上人打ち群れつつ、さばかりほど狭き所に居こぼれて、朗詠《ろうえい》・今様あるいは舞・猿楽し、ののしりて、中々御前の召しよろづの事を尽して戯《ざ》れあはれたり」と、狭い場での芸能の戯れの催しがあったという。

『公氏卿記』によれば、朗詠・雑芸《ぞうげい》・乱舞《らんぶ》・物云舞《ものいいまい》があって、源有雅が「ビムタタラ」

を歌ったが、これは「びんたたらを　あゆがせばこそ　あきやうついたれ　やれことうとう」と、五節の舞姫の長く美しい髪が揺れる様をめでる今様という（『公氏卿記』『五節間郢曲事《ごせちのかんえいきょくのこと》』）。隆円《りゅうえん》の『文机談《ぶんきだん》』は「順徳院の御宇に、五節殊にひきつくろはれけると聞こえければ、殿上淵酔などゆかし」と記している。

建保元年十二月の内侍所神楽、建保二年十二月の内侍所神楽に臨んだ時には、歌を資家と範茂、和琴を時賢、笛を伊平《これひら》、篳篥を藤原家季《いえすえ》が演奏したが、この度は和琴・篳篥・庭火以後を陪従に任せてしまうのは、あってはならないことで、末代の事ゆえに返す返すも見苦しいといい、家季は初度の所作であると記す。

建保三年十二月十二日の内侍所神楽でも、拍子の所作人がいないため、越前守藤原隆範《たかのり》を昇殿させて務めさせたことを苦々しく記し、今度の所作人は皆、できが悪い、と批判する。重ねて神楽所作人が「頗る左道《すこぶるさとう》」（出来が悪い）といい、少将顕平《あきひら》が庭火の歌だけで退出し、ただ「み山にはあられふるらしと山なる」の歌ばかりを習って神楽にでるのは、「道の恥」であり、管弦緒道がないかのようであると嘆いている。

『禁秘抄』を著す

後鳥羽上皇は建暦二年（一二一二）三月に二十一カ条からなる建暦新制を出し、上皇の公事のあり方を『世俗浅深秘抄《せぞくせんじんひしょう》』二百八十五カ条に記したが、その影響を直接受けた順徳天皇は、天皇のあるべき務めなどを『禁秘抄《きんぴしょう》』に著すことになった。

この『禁秘抄』は、上巻に禁中事など四十六項、下巻には詔書など四十五項からなり、宇多《うだ》・醍醐《だいご》・村上《むらかみ》三代の日記や、宇多が醍醐に与えた『寛平御遺誡《かんぴょうごゆいかい》』『延喜式』『江記』『台記』などの多くの典籍を引用して、宮中の諸行事の次第、故実、芸能、政務など諸職務全般を記している。

まず「禁中の事」として、賢所については、「禁中の作法、先づ神事、後に仏事、旦暮、敬神の叡慮、懈怠《けたい》無く」と、これらをきちんと勤めることとし、「大刀契」「宝剣・

神璽《しんじ》」「玄上・鈴鹿」以下、「御占」「御修法」など、宮中の作法や故実を記してゆく。

なかでも「玄上・鈴鹿」は琵琶の名器の「累代の宝物」であり、玄上は「体と云ひ、声と云ひ、不可説未曾有の物なり」と記し、「この琵琶霊験あり。内裏焼亡の時、飛び出す」と、その伝説を記していて、この話を描くのが『直幹申文絵詞《なおもともうしぶみえことば》』である（③）。

天徳《てんとく》四年（九六〇）の内裏の火事で温明殿に火がついて、神鏡や大刀契など皇位に関わる重宝が燃え、内裏のすべての殿舎が焼失した時の話である。絵には、瓦葺きの四足門の下に束帯姿の小野宮殿（藤原実頼《さねより》）が、二人の随身に指示を与えており、炎上する温明殿の黒い煙の下の炎をかいくぐって、衣類を肩に担いで逃げ出してくる垂髪《すべらかし》の女、箱を抱え、琵琶を担いで持ち出してくる烏帽子の男がいる。

「諸芸能の事」と題しては、第一は学問であるといい、中国の『貞観政要《じょうがんせいよう》』に見えるように、学ばざれば古道を明らかにできず、太平をもたらすことができない、と記し、『寛平御遺誡《かんぴょうごゆいかい》』が指摘するように、経史《けいし》を極めずとも中国の『群書治要《ぐんしょちよう》』を読み学ぶよう、と記している。学問をさほど修めなくともよいという意見があるが、それは末代に至って、天皇に大才が求められなくなっただけのことであって、しっかり学問は行うべきであるという。

第二には、管弦を学ぶべし、と強調する。これまで天皇の楽器として笛が吹かれてきたが、琵琶も「殊なる例なしと雖も、然るべきことなり」と記して推奨する。和歌については、光孝《こうこう》天皇から今に絶えず、我が国の習俗になっており、「好色の道、幽玄の儀、捨て置くべからず」と勧め、後白河院の好んだ雑芸〈今様〉も難が無い、と記している。

「近習の事」では、「雅清、為家、資雅、宣経、範経」などをあげている。雅清《まさきよ》は源通《みち》資《すけ》の男、資雅《すけまさ》は源有雅の男、宣経《のぶつね》は藤原家経《いえつね》の男、範経は藤原範仲《のりなか》の男で、いずれも後鳥羽院近臣の子であり、敦通《あつみち》・宗平・経長は「蹴鞠・管弦の友」であるという。敦通は藤原家通《いえみち》の男、宗平《むねひら》は藤原宗経の男、経長は藤原為頼《ためより》の男である。

③『直幹申文絵詞』(国立国会図書館蔵)

「御侍読《じとう》の事」では、紀伝道《きでんどう》の侍読について記した後、管弦に関して琵琶の師匠の藤原定輔をあげていて、彼らが順徳を支えていた。

配流については、罪を定められてのち、陣において宣下し、罪の沙汰、近流・遠流次第があって、検非違使が彼の家に向かい、あるいは武士を具し、遣はさる、と記していて、まさか自身が配流になるとは、思いもよらなかったであろう。

『順徳院御集』の和歌を詠む

管弦と並んで順徳が最も力を入れたのが和歌である。この点、上皇の影響を受け、和歌と蹴鞠を学んだ鎌倉の源実朝とよく似ている。建暦元年（一二一一）三月の五十首歌を詠んだのが始まりであって、その最後の歌は「君が経ん万代までも白雲の重なる山の峰の松風」と詠んで父への祝言の歌で終えている。同じ頃から「内々の歌合」、七月・十月の当座歌合、翌年二月に「内々の歌合」、三月に庚申歌、行幸歌、五月に詩歌合、歌合など、次々に歌会を開き、父に代わって歌壇の中心に位置するようになった。

建暦二年八月二十日の当座和歌では「暮れぬともなほ行く末は空の雲　何を限りの山路なるらむ」（暮れてもなお行く先は、はるか雲の彼方、何を目指して行くべきか山路の旅は）の歌を詠み、十月二十九日には、歌人で藤原俊成の養子の俊成卿女から、大嘗会御禊を見ての祝福の歌が送られてくると、「くもりなく日影も見えし冬の日に　我も千年の程はしりにき」と、治世への抱負を詠んでいる。

翌年の俊成卿女が出家した折、「君が代の春は千年と祈りおきて　そむく道にも猶頼むかな」の歌が送られてくると、「祈りおくことの葉よりぞ残りける　いかなる春の露のかたみも」と返しているなど、俊成卿女とは親しい関係にあった。建保《けんぽう》二年（一二一四）二月二十四日には、「南殿にいでさせ給ひて、翫花といへることをよませ給ひける」の詞書で次の歌を詠んでいる。

ももしきや花も昔の香をとめて　ふるき梢に春風ぞ吹く

（宮中では花も昔の香が漂い　春風がそれを求めて桜の古い梢に吹いている）

建保二年七月の内裏歌合では、「羇中《きちゅう》恋といへる事をよませ給ひける」の詞書に、

命やはあたの大野の草枕　はかなき夢も惜しからぬ身を

（命なんてはかない、野に草枕を結んだ契りかわした夢も、惜しくはない身である）

建保二年八月十六日の内裏歌合、同年秋の当座歌合で、次の歌を詠んでいる。

忘ればや風は昔の秋の露　ありしにも似ぬ人の心に

（忘れてしまおう、風は昔の秋と変わらぬ露とおくが、人の心はすっかり変わった）

限りあれば昨日にまさる露もなし　軒のしのぶの秋の初風
（秋は露が多いが限りがあり、昨日にまさる露はなく、軒のしのぶ草に吹く秋の初風よ）

十月二日には、人丸影供《ひとまるえいぐ》を毎月旬日に、各三首詠むことを始めていて、最初に時雨の題では「冬こもる峰のまさきのあらはれて　行く秋めくる時雨なるらん」と詠んでいる。この人丸影供歌合は、柿本人麻呂の影《えい》を前に行う歌合であって、南北朝期制作の『慕帰絵詞《ぼきえことば》』巻五の三段には、影供歌会の図が描かれている④。柿本人麻呂の影の前に香炉と花瓶が置かれ、その前の机の上には詠んだ歌の短冊があり、畳の上に僧三人と貴族四人が車座に座り歌を執考している。

建保三年三月の「俳諧歌」では、「帰雁」の題に「ももしきや雁雲の外なる一声をいるさの山の弓張の月」と、帰雁が弓張の月のかかるいるさの山に入ってゆく風景を、弓・射るの縁語で仕立て、『古今和歌集』の俳諧歌の伝統を受け継いだ。六月十八日の

④ 影供歌会の図 『慕帰絵詞』巻五の三段（「模」、国立国会図書館蔵）

歌合では「難波江の潮干のかたや霞むらん　葦間の遠きあまのいさり火」（難波江の潮ひき、干潟あらわれ、霞んでいるのか、葦の間遠く海人の漁火が見える）を読んでいる。

建保三年十月二十四日の「内裏名所百首」は、春部二十、夏部十、冬部十、恋部二十、雑部二十からなるもので、そのうち四つの名所について、次のような歌を詠んでいる。

玉島川　　玉島や河瀬の波のおとはして、霞に浮かぶ春の月かげ

三輪山　　花の色になほ折しらぬかざしかな　三輪の檜原の夕暮
（桜の花の美しさに、枝をおり時を知らずの挿頭《かざし》にしよう三輪の檜林の夕暮よ）

宇津山　　駿河なる宇津の山に散る花と　霞のうちにもたれ惜しみとて

片野　　夕狩の交野の真柴むらむらに、またひとへなる初雪の空
（交野の夕狩での雑木の茂みに雪がまだらに積もり、そこにうっすら降る初雪の空よ）

建保四年三月には、春の題で「降る雪にいづれを花とわきもこが　折る袖に匂う梅が枝」（降りしきる雪にどれが花かと見分けがたい、いとしい娘が折る袖が匂う春の梅の枝）を詠んでおり、このような百首歌からさらに二百首歌へと進んでゆく。

建保四年の二百首歌から

建保四年（一二一四）の二百首には、無題の二百首が記されているが、詳しく見ると、春六、夏十三、秋九、冬十四、恋十六、雑十三、春二十、夏十五、秋二十、冬十五、雑十四の、計百五十五首からなることが知られている。春の歌から見てゆこう。

あら玉の明けゆく山かづら　霞をかけて春は来にけり

（新年が明けゆく暁の空、山の頂に美しいつづらのような霞をかけ春は来た）

早春のこころをよませ給ける

風吹けば峰のときはは木露おちて　空より消ゆる春のあは雪

（暖かい春の風が吹くと、樹木から露がおち、空の彼方に消えてしまう春の淡雪）

佐保姫の染め行くのべはみどり子の　袖もあらはに若菜つむらし

（春の女神佐保姫が緑に染める野辺で、幼い娘が袖も露わに若菜を摘んでいる）

難波がた月のでしほの夕なぎに　春の霞の限りをぞ知る

（難波潟は月の出とともに潮が満ちて夕凪になり、春の霞が続いているのを見極める）

蝉の羽のうすくれなゐの遅桜　をるとはずれと花もたまらず

（蝉の羽のような微かな紅の遅桜、折ろうとしても花びらはとどまらず落ちてしまう）

五月雨のはれるも青き大空に　やすらひ出づる夏の夜の月

夕立のなごりばかりの庭たづみ　日頃もきかぬかはづ鳴くなり

（夕立の名残をとどめた庭の水溜まり、日頃も聞くことのない蛙が鳴いている）

冬の色よそれとも見えぬささ島の　磯越す浪に千鳥たつなり
（冬らしい景色はどこにも見えぬ、小竹島の磯にうつ浪に千鳥の立つ声が聞こえる）

ことの葉もわが身時雨の袖の上に　たれをしのぶの森の木枯らし

憂しとても身をばいづくにおくの海の鵜のゐる岩も波はかからむ
（憂いても身をどこに置くのか、沖の海の鵜のとまる岩にも波がかかる）

ももしきや古き軒端のしのぶにもなほあまりある昔なりけり
（宮中の年へた軒端のしのぶ草を見るにつけても、昔の盛んな御世がしのばれる）

最後の歌は『百人一首』に採られているが、藤原定家は『百人秀歌』に収録していない。定家は幕府や九条道家《みちいえ》の意向に沿い『新勅撰和歌集』に後鳥羽院や順徳院の歌を入れなかったことから、後人が、最初に置いた天智天皇と持統天皇に対応させ、最後に後鳥羽・順徳二人の歌を配し、『百人一首』になしたとみられている。

建保五年十月十六日の当座歌合では、「天つ星光をそへよ夕暮れの　菊は籬にうつろひぬとも」（空の星よ、光を添えてくれ、夕暮れ時の菊は籬から色を失ってゆくとも）を詠み、建保五年十月十九日の当座歌合では、「紅葉ばをあるがなきかに吹き捨てて　梢に高き冬の木枯らし」を詠んでいる。承久元年（一二一九）の十首歌合では、「暁と思はでしもやほととぎす　まだ半天の月に鳴くらむ」（暁になったと思わないのか、ほとぎすはまだ中空の月に向かって鳴いている）の歌を詠んでいる。

このように和歌について研鑽を積むなか、院政期の歌学書である『袋草子』『奥儀抄』『和歌初学抄』『和歌童蒙抄』『五代集歌枕』を読み、やがて歌学書『八雲御抄』を著すようになったのである。

八雲御抄

『八雲御抄』は全十六巻で、第一の正義部は、歌式を解説し、第二の作法部は、歌合・

歌会・勅撰集などの故実を記し、第三の枝葉部は、素材別に分類した歌語の辞書であって、第四の言語部は、注意すべき歌語を解説する。第五の名所部は、歌枕の集成で、第六の用意部は、和歌を詠むための心構えを説いている。

院政期に多く編まれた歌学書を素材にして、和歌を体系的に捉えているところに大きな特徴がある。なかでも正義部は、長歌・短歌などの歌体論や歌病《かへい》論、古今集序に見える六義説など、古くからの和歌式に記載されている内容を集成して整理している。作法部は、歌合や歌会、大嘗会和歌、勅撰集などの故実を記し、和歌の内容には触れずに行事の進行や書式などの有職故実に限って触れている。多くは藤原清輔の『袋草子』に依拠しており、歌合では、初めに依拠すべき歌合を示すべしと記している。

枝葉部は、大規模な分類歌語辞典ともいうべきものであり、「和歌は八雲出雲の古風よりおこり、文武《もんむ》・聖武《しょうむ》の皇朝より広まる」と、和歌が「しきしまの道」といわれていると語り、『万葉集』を強く推奨するとともに、『古今和歌集』を第一とし、言葉の不審な部分を開くには、『源氏物語』に過ぎたるはなし、と語っている。

先行の歌集や歌学書を重視し、自らの和歌観に基づいて、詠むべき語と、そうでない語とを分別して、その基準を提示している。

名所部は、藤原範兼の『五代集歌枕』を中心に、藤原清輔の『奥儀抄』『和歌初学抄』も多く参照し、これら先行の歌学書にはない歌枕を補っている。初出から並べて、『万葉集』や勅撰集を重視し全体を再編している。

用意部は、自らの歌論を述べ、「古歌をとる事」を第一の大事とし、「心を取りて物をかふ」る例として、『万葉集』の「我が宿の梅咲たりとつげやらば　こてふに似たりちりぬとも」を本歌に、『古今集』の「月やよし夜よし人に告げやらば　こてふに似り待たずしもあらず」の歌が詠まれたと指摘する。

「詞を取りて心をかへたる」例では、『万葉集』の「あしびきの山橘の色に出でて　我が恋ひなんをやめん方なし」が、『古今和歌集』の「我が恋を忍びかねてはしびきの山橘の色に出でぬべし」の歌となったといい、「近き歌を取る」例では、『古今和歌集』の「鶯の笠に縫ふてふ梅の花　おりてかざさん老隠るやと」が、『後撰和歌集』の「かざせども老も隠れぬこの春ぞ　花の面は伏せつべらなる」となったことをあげる。

総じて、順徳院は「近代」の歌には批判的で、旧義に基づく、あるべき文化を興隆させようとする使命感がうかがえ、古代を聖代とする為政者としての文化論を展開したものと言える。

中殿御会

建保四年（一二一六）十二月八日、後三条天皇の後に絶えていた中殿作文について、文道を重んじる高倉天皇が治承年間に復活させたが、この二代は「上好むところ、下また相応し」、大臣以下、「風月の才人」が多かったとして、これを受けて順徳は、中殿作文の会を開こうと考えるようになる。この一両年、常に詩の会が開かれ、詩作にも力を入れてきたこともある。

十二月十六日、内侍所神楽があって、藤原範茂が賀茂詣を理由に途中で退出したのを、歌を覚えていないためであると難じ、拍子を担当する藤原隆範も芳しくなく、藤原定親《さだちか》は篳篥の家なのに、初度とて未熟であると非難するなど、ここでも真面目な順徳は、内侍所神楽に憤懣《ふんまん》に満ちた感想を漏らしており、それだけ天皇の務めに熱心であった。

建保六年四月、清涼殿の壺で童舞御覧が、六月には内裏の船楽があり、藤原孝時が朗詠を命じられて、「澄々として遍《あまね》く照らす禁庭の草霜を戴き、皎々として斜めに沈む、御溝の水玉を含む」という朗詠の第三句の「沈む」を、「浮かむ」と用いたことを知って興を覚えている（『文机談』）。

八月七日、中殿御会に向け、琵琶の秘曲「楊真操」を藤原定輔から伝授された。順徳は管弦の道を重んじ、演奏に熟練してからと思っていたのだが、特別に玄上を弾くことになり、これを弾くのかは「この道の至極」であり、「浅才」では弾けないとして、まず「流泉」「楊真操」「啄木」のうち「楊真操」を弾いた。

琵琶には二派があり、源経信《つねのぶ》の桂流が本流で、もう一つ藤原孝博様《たかひろよう》がある。妙音院《みょうおんいん》藤原師長は両流を習い、その弟子が定輔や源通光《みちてる》であった。孝博方は「凡卑の輩」なので用いず、通光は桂流の将律曲を伝授しておらず、そのため定輔に習ったという。このように順徳は十分に準備の上で、琵琶の「楊真操」を、後には「流泉」を習ったが、このことについて後伏見院《ごふしみいん》は「当道の淵源《えんげん》を極めた」と記している。

中殿の御会は、即位後の晴の宴で、和歌の題は「池の月久しく明らかなり」で、順徳は「池水にみぎはの松のうつるより　月も千年のかげやそふらん」の歌を提出、和歌が講じられた。御遊では、順徳が琵琶の玄上を弾き、笙を四条中納言隆衡《たかひら》、拍子を前兵衛督源有雅、笛を修理大夫藤原公頼《きみより》、和琴を三位中将藤原家嗣《いえつぐ》、箏を四条基良《もとよし》、篳篥を右兵衛督飛鳥井雅経が演奏し、付歌を源資雅が行って、呂（安名尊《あなとおと》・鳥の波・席田《むしろた》・

鳥の急）、律（万歳楽《まんざいらく》・更衣《こうい》・三台の急）を演奏したが、その様子を藤原信実が描いたのが、建保六年八月十三日の『中殿御会図』（⑤）である。

御会記や参会者の肖像、和歌会で披講された和歌からなる白描の絵巻で、詞書は能書の藤原行能で、「酔恩、群臣ら吾が道の再唱を楽しむ」とあり、清涼殿（中殿）で琵琶を演奏する天皇を中心に、孫廂に管弦の伶人が座し、殿上間以下には和歌の歌人が居並んでいる。王権の謳歌する様を描いたのであった。掲げたのは琵琶をひく天皇の図である。

建保六年十二月二日には「内裏楽所始」があり、翌日に閑院内裏に殿上人や地下の楽人を招いて船楽を催し、順徳は琵琶を奏した。翌日には西釣殿で御遊があり、鞨鼓を演じた狛近真を讃え、楽所に伺候させている。同日に常の御所の南面で御遊があり、人々が退出した後に、藤原為家を通じて太鼓の近真、笛の大神景基《おおみわかげもと》、鉦鼓の忠茂《ただもち》を召し、褒美の五節の櫛を与えている。

⑤ 琵琶をひく順徳天皇 『中殿御会図』（東京国立博物館蔵／ ColBase［https://colbase.nich.go.jp/］ 提供）

⑥「陵王」を舞う狛近真　『春日権現験記絵』巻七の四段（宮内庁書陵部蔵）

『春日権現験記絵』巻七の四段（⑥）は、春日社神殿の前の林檎の庭で、狛近真が「陵王」を舞っている姿を描いている。建保五年年正月十一日、興福寺の範顕が夢のなかで春日社に参拝していたところ、神から楽人の狛近真に陵王の舞を奏するよう、桴を作って与えよ、と命じられたので、狛近真に桴を作って与えたところ、近真が幣殿での太鼓・笙・笛の演奏により陵王の舞を舞ったという。神は近真に陵王の舞を求めたのである。

承久元年（一二一九）の常の御所南面での御遊で、順徳は鞨鼓を演奏、二年正月十日の内裏御遊始には琵琶を弾き、同二年八月の舞御覧では鞨鼓を演奏、「賀殿」を舞った狛光真を召してその肖像を描かせている。

承久の乱

鎌倉の将軍実朝は子が生まれず、後継者問題が生じると、北条政子《まさこ》が上洛して、上皇の皇子の頼仁《よりひと》親王を後継とする約束がなり、それとともに実朝の官職昇進がはかられた。新将軍に皇子を迎えて実朝が後見する道が考えられたのであるが、承久元年正月二十七日、実朝は右大臣拝賀で鶴岡八幡宮に参詣した時、頼家の遺児公暁の手にかかって殺害されてしまう。これにともなって二十八日、実朝の御台所をはじめ御家人百余輩が出家した。

実朝の死により幕府は、政子と弟義時が政権を掌握し、政子の家「禅定《ぜんじょう》二位家」と称され、有力御家人らは連署して後継将軍として皇子の下向を要請したが、後鳥羽上皇は摂津の地頭職の停廃を求めるなどして拒否した。このため、将軍には摂関家の九条道家の子三寅《みとら》（頼経《よりつね》）を鎌倉に迎えて、承久元年七月に政所始が行われ、政子が理非決断の権限を行使した。

その八月、順徳は、鴨社歌合で「白雪や花より上にかかるらむ　桜ぞ高き葛城の山」の歌や「神垣のよもの木陰を頼むかな　はげしき頃の嵐なりとも」（神垣の四方の木陰に身をよせ、ひたすら神の恵みを頼もう、はげしく嵐が吹くとも）の歌を詠み、さらには石清水八幡宮、日吉社、十禅師社歌合など、諸社に和歌を納め、十月六日にも「いなり山きのふの暮の夕附く日　さして千年のかげぞしらまし」と、伏見の稲荷社に寄せている。

かつて後鳥羽院が『新古今和歌集』の編纂を期して諸社歌合を行ったことを考えあわせるならば、ある目的による祈願の歌みられ、推測すれば、承久の乱の直前であることから考えると、父の意にそっての幕府打倒の意が込められていたともみられる。

上皇は、西面の武士を新たに置き、幕府の出先機関である京都守護や在京御家人、西国の守護を取り込んでいて、そこに起きたのが実朝暗殺であったから、幕府を従属させる媒介者である実朝を失ったので、挙兵の機会をうかがい、大内の再建を進めるなか、挙兵の意思を固めると、彗星出現を理由に承久三年（一二二一）四月に順徳を退位させ、その皇子で、藤原良経の娘立子との間に生まれた新帝（仲恭）を立て、五月十五日に院中に官軍を集めて挙兵した。

主な武力は、北面・西面の武士、京都守護の源（大江）親広《ちかひろ》や在京御家人の大内惟《これ》信《のぶ》・三浦胤義《たねよし》、西国守護の佐々木広綱《ひろつな》、西国有力御家人などであって、幕府に連なる勢力が多くあり、追討の宣旨を出すことによって、幕府が内部分裂を起こすものとの目論見であったろう。

その追討宣旨の東国分が鎌倉に到着すると、幕府指導者の間では、武士は朝廷を護る存在であるのに、朝廷に刃向かえるのか、と困惑が生じた。これに政子は、義時邸に集まった有力御家人を前に檄を飛ばした。頼朝以来の恩顧をとるか、逆臣の讒言《ざんげん》によって出された非義の追討宣旨をとるか、そのどちらかを取るよう迫り、これが効いて戦端を開くことに決し、東国十五か国の「家々の長」に動員令がかけられた。

幕府の大軍が、東海道から十万余騎、東山道から五万余騎、北陸道からも四万余騎と、三方から京に迫ることとなり、その東海道軍が尾張・美濃の境の墨俣の京方防衛ラインを突破すると、六月十四日に宇治川をも突破、十五日に京方は全面降伏した。

上皇は武力放棄の院宣を発し、六月二十四日、幕府の申請で、合戦決定の議定を行った公卿以下が関東に下されて処刑され、上皇は七月八日に鳥羽殿で出家した。

乱後の順徳院

圧倒的な幕府勢に敗れた朝廷は、後堀河天皇が践祚し、後高倉院政が始まった。後鳥羽院は隠岐へ流されるが、その際に水無瀬離宮で藤原信実に我が身を描かせた。それに基づいて描かれたのが、掲げる『天子摂関御影』の上皇の肖像画である（⑦）。

順徳は七月二十日に佐渡配流となるが、その時の順徳を、『文机談』は「承久の乱いできて、院も御遠行にさだまらせ給にければ、おぼしめさるるむねありて、下濃《すそご》といひし御琵琶一面とこの御譜をば、御母儀修明門院へあづけまいらせさせ給。この身の候と、おぼしめさるべしとぞ申されける」と記している。佐渡に流されるにあたって、我が身と思ってくれるようにと、母に琵琶下濃と譜を預けた。下濃は前年の後鳥羽院

⑦ 後鳥羽上皇　『天子摂関御影』（宮内庁三の丸尚蔵館蔵）

主催の「琵琶合」で、第一番右の井手と番《つが》えられ、持（引分け）となった名物であり、琵琶合は翌日に内裏でも行われた。譜は妙音院藤原師長の自筆譜であった。

順徳に供をしたのは、冷泉中将藤原為房《ためふさ》、花山院少将藤原能氏《よしうじ》、左兵衛佐藤原範経、上北面の左衛門大夫藤原康光、女房の督典侍《こうのてんし》・右衛門佐局・別当局らであり、関東の武士が警護にあたっていた。京を出て「逢坂と聞も恨めし中々に　道知らずとてかへりきねこん」（なまじいに逢坂と聞くにつけてもうらめしい、佐渡への道がわからないと言って、都に帰ってゆきたい）という歌を後高倉院に送り、前摂政の九条道家（良経の子）に「ながらへてたとへば末にかへるとも　うきはこの世の都成りけり」（生きながらえてたとえ最後に帰ることがあっても、つらさが消えずに残って感じられるこの世の都であろう）の歌を送った。

北陸道の陸路を赴き、八月十五日、越後の名立駅に到着、名立権現社で「都をばさすらひ出でて今宵しも　うきに名立の月を見るかな」の歌を詠み、越後寺泊から佐渡の松ケ崎に渡ったが、これに同行したのは康光、督典侍・右衛門佐局・別当局らであり、彼らは日頃から順徳院に近侍していた近臣・女房である。

康光は蔵人、督典侍は藤原範光の娘、右衛門佐局は母が藤原範季の娘で、修明門院の姉妹（叔母）、別当局は範季の長男範朝の娘である。

松ケ崎から国分寺に入り、そこから「泉」の御所に移った。永享七年（一四三五）に佐渡配流となった世阿弥は、『金島書』で「西の山まもとを見れば、人家いらかを並べ、都と見へたり、泉と申すところなり。これいにしへ順徳院の御配所なり」と記している。

二　佐渡からの発信

百首歌を詠む

『文机談』に、「順徳院の御世には諸道を賞せらる」と称されたように、院は蹴鞠・管弦・和歌などの諸道を賞したが、琵琶と譜とを都の母に預けていたので、佐渡では管絃に興ずることなく、蹴鞠にもかかわらず、和歌に専心するところとなった。

貞永元年（一二三二）秋には百首歌を詠み、定家のもとに送ると、判詞が付されて返送されてきた。隠岐の後鳥羽院のもとにも送ったので院による合点も付された。春二十首、夏十五首、秋二十首、冬十五首、恋十五首、雑十五首からなるそのうちの春二十首の歌から。

風わたる池の氷のひまをあらみ　あらはれいづるにほの下道

これに藤原定家は「風わたる池の氷とけて、にほのしたあとあらはるるよし、首尾相叶ひ、姿詞克《よ》く調ひ候」と評した。にほの下道とは、葦の陰などの、かいつぶりの通り道で、恋歌にはよく詠まれてきたが、順徳は春の景色に転じて詠む。これに定家は姿・詞が整っていると評価したのである。

ふりつもる松の枯葉のふかければ　雪間もおそき谷の陰草

これへの定家の評詞に「枯葉の松ふかくうづみて、雪間の草おそくみゆる心、渓草は下にうづもれ、景気はあらはにうかびて、感情事に浮かびて候」とあるように、佐渡の早春を思わせるような歌になっている点を評価したのであろう。

ちくま川春行く水はすみにけり　消えていくのか峰の白雪
（千曲川の春、流れゆく水は澄みきっている、消えてゆくのか峰の白雪）

定家は「西行法師が清滝川、うるせく仕候由、年来思給候。春行く水はすみにけり消えてゆく、かの峰の白雪、美麗の姿、玄隔《げんかく》に候ける事を誰もつかうまつらず候。おもしろく候」と評した。西行歌は「降りつみし高嶺のみ雪とけにけり　清滝川の水の白波」であるが、定家はこの歌を「うるせく」（気がきいている）思っていたところ、千曲川の水が流れて、機得て行く峰の白雪とさわやかに詠んでいるのが、「おもしろく候」と感心している。

夢さめてまたまきあげね玉だれの　ひまもとめてもにほふ梅が香
（夢がさめ、まだ玉簾をまきあげぬうちに僅かな隙間を求めて匂ってくる梅の薫り）
秋かぜにまたこそとは摂津の国の生田の森の春のあけぼの
（秋風の頃、きっとまた訪れよう、津の国の生田の森のすばらしい春の曙）

春よりも花はいく日もなきものを　しひても惜しむ鶯の声
（春にくらべ梅の咲いている日がなく、強いて花を惜しむ声高く鳴いてくれ鶯よ）

この「春よりも」の歌は、『古今和歌集』の在原業平《なりひら》の「ぬれつつぞしひて折りつる年のうちに　春はいくかもあらじと思へば」を本歌として詠んだ歌で、定家は「かやはらくるしく好候輩のかかる心の候へかし」と評し、『新後撰和歌集』に採られた。

続いて夏十五首から、

夏の日の木の間もりくる庭の面に　かけまでみゆる松のひとしほ
（夏の陽射しが木の間を洩れて庭の地面に、松の影がひとしおうっすら染めて見える）

定家は「風情又興味候」と評し、その評価は高いが、次の歌も評価が高い。

今こむと云はぬばかりぞ郭公　有明の月のむら雲の空
嶺の松入日涼しき山陰の　すそ野の小田にさなへ探るなり

これについて、定家は「入日の山かげすそ野の早苗、これもとりなされ候、景気色を増して候」と、高く評価しているが、これも佐渡の風景を詠んだ歌であったものと考えられる。

百首歌の後半

秋二十首から、

人ならぬ石木もさらにかなしきは　三つの小島の秋の夕暮れ

（人でない石や木ばかり見た、と語りかけるのに、悲しさを催すのは小島の秋の夕暮）

この歌は、佐渡での生活の様子を予測させるもので、都に帰れぬ悲哀を『古今和歌集』の東歌に見える「みつの小島」に託して詠む。藤原定家は、字ごとに感涙を抑え難い、と述べ「玄の玄、最上に候」と激賞した。

つま木こる遠山人は帰るなり　里まで送れ秋の三日月

（薪になる小枝を樵《こ》り集めた山人が帰るので、村まで送ってくれ秋の三日月よ）

この歌も佐渡で目にした風景を詠むもので、定家も後鳥羽院も高評価を与え、定家は「山路の帰路、繊月の微光、殊に面影優艶」と記す。

秋風の枝吹きしをる木の間より　かつがつ見ゆる山の端の月

定家は「姿ことばまことにうつくしくつづき候。歌の詞、時の景気かくこそあらまほしく候へ」と絶賛したが、これも佐渡の風景に感じ詠んだのであろう。

霧はれば明日も来てみむ鶉《うずら》鳴く　石田の小野は紅葉しぬらむ
風になびく雲のゆくてに時雨けり　むらむら青き木々の紅葉ば
ひとめ見しと落ちおち（十市）の村のはし紅葉　またも時雨れて秋風ぞ吹く
谷深き八峰の椿いく秋の　時雨にもれて年の経ぬらむ
（谷の深い峰々の椿は、幾つもの秋の時雨にも色を変えず、年を経てきたことよ）

以上の四首について、定家は「詞花光彩を加へ、景気心府に銘じ候、毎度感興を催し候」と、感動しており、佐渡にいる順徳院を思い、涙を流している。

続いて冬十五首より、

冬来ても猶時荒れや庭の菊　こと色そむる四方の嵐に

定家の評に「紅嵐の声に随って、紫菊の色を変ず、又以美麗候」とあるのは、佐渡の御所の庭の様子を詠んだものとみての評であろう。

あしの葉にかくれてすまぬすみがまも　冬あらはれて煙立つなり

定家は「蘆《あし》の葉にかくれぬやども冬のあらはるるけぶり、ふるき跡にもたちまさりてや候らむ」と評している。

恋十五首より、

月もなほ見し面影はかはりけり　泣きふるしてし袖の涙に

（月までもが昔の面影とは変わってしまい、泣き続けてきた我が袖は涙にぬれる）

この歌には「昭陽《しょうよう》の花に似ず、衰看《すいかん》かはる光もふるきためしに候へど、なきふるしてし袖の涙、猶古今向後比類無く候」と定家は評しており、『古今和歌集』以後においては、比類なき歌であると称えている。

暮をだになほ待ちわびし有明の　ふかきわかれになりにけるかな

これについても、定家は「旧別に成りにけるかな。又肝に銘じ、入骨甚だ深く無双に候」と高い評価を与えている。

雑十五首より

夕づく日山のあなたになるままに　雲のは立てぞ色かはりゆく

この歌は佐渡において眺める落日を、そのまま詠んだとみられ、定家も後鳥羽院も高く評価していて、定家は「夕陽入山、晩雲変色の由、又眼を見るが如し」と記している。

みるめほす浜の真砂のしろたへに　日影もなびくをみの浦風

この歌を、定家は「白砂の浜のまさごみるめほして　山あゐにすれるをみのうら風、言葉も色もまらびなく候」と記している。

総じて定家の百首歌への評価は高いが、それは、順徳が佐渡の場に即した歌を多く詠んでいたことが大きい、とみられる。定家が実朝の東国にあって詠んだ「おおうみの磯もとどろに寄する波　われてくだけてさけて散るかも」などの歌を高く評価し、『金槐《きんかい》和歌集』を編んだことが思い起こされる。

佐渡での日々

寛喜元年（一二二九）六月三日、承久の乱で戦場にあって佐渡に供をしていた関東武士が発心出家して天王寺に参り、勧進説法をしており、八月に督典侍が病で帰洛、佐渡における順徳院の動静を京の人々に伝えている（『明月記』）。

天福元年（一二三三）八月、藤原為家は修明門院の御所にいる督典侍にあい、聞いたところによれば、院は今度の勅撰集撰進のことを聞いて、我が歌を載せるならば相談したい、と伝えてきたという。定家に撰集が命じられたのは、前年の貞永元年で、院は勅撰集入集を望んでいたのだが、その望みはかなわなかった。

督典侍のように都に院の動向を伝える人物は多くいて、内蔵頭の藤原清範は後鳥羽上皇に随行して隠岐にあったが、帰洛した後に佐渡に赴いている。隠岐の情報を伝えたのであろう。範光の娘の女房が院との間に善統《よしむね》親王を生んだことも伝えていた。

順徳は乱前から執筆していた『禁秘抄』を補訂し、『八雲御抄』を嘉禎《かてい》三年（一二三七）頃に完成させている。延応元年（一二三九）二月二十二日に隠岐の父が亡くなったという知らせが届き、次の歌を詠んでいる。

おなじ世のわかれはなほぞしのばるる　空行く月のよそのかたみに
のぼりにし春のかすみをしたふとて　染むる衣のいろもはかなし

三月十七日からは、父を思う多くの歌を歌日記の形で詠み、『御製詠少々』として今に伝わっている。

三月十七日の夜、御つかひにおどろきにし夢の名残、猶さめぬ心ちして、
春の夜はみじかき夢と聞しかど　長き思ひのさむるまもなし
（春の夜の夢は短いと知っていたけれど、この長い思いは覚める間もないのだ）
又の御つかひ待つ程、こころもとなくて、日数も過れば
今更に悲しきものは白雲の　かさなる中の別れなりけり
（今また改めて悲しいものは、白雲の幾つも重なり隔たる間での別れだ）
四十九日に、かたのごとく念仏申しあげさすとて、
うちならすかねのひびきやおよぶらん　ひろくすすむる道にこたえて
（打ちならす鐘の響きが届くことだろうか　往生をすすめるこの供養にこたえ）

四月に見ならはぬ（墨染め）衣の色をいそぐとて
のぼりにし春の霞をしたふとて　染める衣の色もはかなし
（空に昇って春の霞となったのを追慕して染めた衣の色もはかなく空しい）
同じ頃、まがきの藤のさかりなりければ
見るもうし我が衣手の花ざかり　別し春の跡のかたみに
（見るのも悲しくつらい、行く春が残してくれた我が藤衣の形見に）
御悩ののちありける御ふみを、こののちひらき見て
君もげにこれぞ限りのかたみとは知らでや千代の跡をとめけん
（君も、形見になるとはご存じなく、千代まで残る手跡を遺されたのであろうか）
隠岐より人々みなのぼるよしきくに、いとどおもひやるかたなくて
おもひやる心のおよぶ方もなし　煙と成りし跡の浦風
（父を思いやる心が届くすべもない、煙となった跡を吹き散らす浦風よ）

このように後鳥羽院が亡くなって、随行していた近臣や女房が上洛したことを聞いた後には、つぎのような歌を詠んでいる。

ひたすらに世はくもり日の心地して君なき影に誰まどふ覧
（すっかり世は曇り日のような感じがし、君なき後に誰もがまどっていよう）
日数ふるままに、世々のふるごとさへ思ひ出られて、なぐさむかたなければ、
かなしさもなぐさむ方は有りなまし　昔ながらの別なりせば
（悲しさを慰める方法があるのだろうか。昔ながらの別れであったならば）
よしとみしこの世の夢の別れを忍ぶべしとは思ひかけきや
（やむを得ないことと思っていた、夢のようなこの世の別れを堪えしのぶとは）

書をおかれたる御抄物（歌書等）、草子などの中に正月十四日までに抄出されて、

その後、御心地おもく成りにければ、うちをかれたるままなるを見るにも、

いまはとて光や空にくもりけん　霞そめたる春のもち月

（今はこれまでと院は光が空の霞に隠れ、春の夜の望月が霞みそめて曇るように）

おもはじなあまのしはざのもしほ草　かくこのたびを限りなりとは

（思いもされなかったのか、院が詠草をかくのもこれが最後になろうとは）

五月雨いとど空の気色もしほたれまさるころ

ぬれまさる衣のやみにうちそへて　しほたれまさる五月雨のころ

（濡れた喪服に雨の滴が加わり、ぐっしょり濡れてしまった五月雨の頃よ）

郭公を聞きて、ことしはいとふべき声も忘れにければ、

行ゑなき君がありかやかたるとて　なけどもあかぬ時鳥かな

（どこともしれない君の居所を教えるので、いくら鳴いても飽くことのない時鳥よ）

大原の父を思って

父の遺骨が大原に納められたのを聞いてからの歌。

大原におさめたてまつりけるやとなど聞くにも、今さらにかなしければ、
あまたみし君のすみかがあらぬ世に　契りかなしき山の奥かな
（数々見てきた院の御所もなくなったこの世に　定め悲しい山の奥である）
いる月のおぼろの清水いかにして　つゐに住むべきかげをとむ覧
（院の入った月の光は、朧の清水にどのように澄む月影を留めていようか）
秋のはじめはさらでだにうれへそふころなるを、其方のうらかぜ思ひやられて
いざりせしあまのとま屋の荒れしより　いかに吹らんおきつ塩風
（海人の苫屋〈御所〉は荒れてしまい、どのように吹くのか沖〈隠岐〉の潮風は）
かなしきたびにも、まづ思ひいでられしうちうちの御事ども、年を経て我が身

ひとつなる心地すれば
なぐさめしよそのたぐひもたえはてて　独りながむる秋の夜の月
（私を慰めてくれた夜の行事も絶え果てて、たった一人で眺める夜の月よ）
ものごとに、秋のあはれをしらせがほなるころ
なきかげをしたふ涙の袖のうへに　くもりなれにし月ぞことゝふ
（院の姿を慕い流す涙に濡れた袖の上に、曇るのに慣れた月が訪れてくるよ）
よそながらはかなの袖の形みやと　思ふにそへて露ぞ置そふ
（遠く隔つ佐渡にいても喪服の袖が、院の形見に想うにつけ露の涙がこぼれ落ちる）
同じ世の別れは猶ぞしのばるる　空行く月のよそのかたみに
（この世の別れはまだしのばれる、空行く月を離れ離れの形見として）
かくばかり物思ふ秋の幾年に　猶残りける我が涙かな
（かほどに物思に沈む秋を何年も過ごしてきたのに、まだ残っていた我が涙よ）

いとど敷く衣の色にしぐる也　つれなくのこる嶺のしゐ柴
（いっそう深く喪服の色に時雨が染める、葉色を変えぬまま嶺に生える椎《しい》の林を）
ことはりなれど、とふ人もなきすみかもあはれにて、
かずならでとはれぬ身こそうれしけれ　いはばこたへんことの葉もなし
（数から外れ訪ねてこない身がかえって嬉しい。問われても答える言葉はない）
冬にも成ける雪あられにも、先づおもひやりて浪風の音さへ、引きかへて、心すごき山の奥にをくるる心もかなしければ
なげきこるおほ原やまの炭竈も　ことしは誰かたきまさるらん
（投げ木を伐って焼く大原の炭窯も今年はいったい誰が焼いているのだろうか）
山ふかきこけのしたにもうづもれず　あらぬみゆきのをりぞかなしき
（山深く苔の下の墓に納められた後も埋もれない、御幸の折を思うと悲しい）
やまおろしもはげしき夕暮に、

冬くれど嵐もしらずひとへなる　ふぢそめ衣心してふけ
（冬がきても嵐も気にかけぬ一重の喪服を身につけている、気にかけ吹いてくれ）
春の気色も、かはるしるしなくながめて
この春は涙のとがにくもりけり　おぼろ月よはいつかみしかど
（この春は涙のせいで曇っていることだ　朧月夜はいつも見ていたのだが）
春雨にさらぬ草木はめぐめども　いかに散りにし比のさくらぞ
（春雨により草木は芽ぐむが、院の亡くなったあと散った桜はどうなるのか）
法華経一部書きて明禅《みょうぜん》法印（藤原成頼の子、毘沙門堂法印）が房へ送り遣してしを
おもひやりて、是にも行などし侍るつゐでに、
書とむるみのりの水ににほへとや　散りにし花の跡をとふらん
（書写した法の教えで香りを放ち、散った花の跡を供養されていることだろうか）
法華・阿弥陀経・念仏など、おぼしめしおかれたりしすぢ、百僧供養し侍るとて

人しれぬ深山がくれのもも千鳥　声に思ひの春を聞かせよ
（人の知らぬ深山に隠れている鶯よ、その鳴き声で春の季節を聞かせてくれ）

忘るとなけれど、なげきにたへたるならひ、誰もおもひしられで

喪があけて臨終へ

父の一周忌を経て、やや心境に変化が現れた。

わすれてもあればあらるるならひこそ　時世にかなふ心なりけれ
（悲しみを忘れても生きていれば生きていける習いが　時世に叶うというものだ）

かぎりあればぬぎかふるも、又いまさらかなしければ

うきことはいづくをはてとなけれども　けふきさらぎの春のあけぼの
（つらいことはどこでも終わりはないのだが、今日、喪服を脱ぐ春の曙よ）

ぬぎすつる春のしるしもなかりけり　かふるも花の袂《たもと》ならねば

（脱ぎ捨てた喪服に春の印は何もない、着替えは花やかな春着の袖ではないから）

白妙の又かふべしと思ひきや浮世を出でぬすみ染の袖

（白い衣にまた着替えるとは思っただろうか、浮世を出離していない墨染の袖《そで》を）

このような歌日記からは、父の死を悼む心情がよくうかがえる。天皇による哀悼の歌がこのように多く詠まれることはかつてなかったことであり、極めて貴重である。

仁治三年（一二四二）に四条天皇が亡くなって、土御門院の皇子が継承し、後嵯峨天皇が践祚する報が入ったことで、これによって我が子忠成王が跡を継ぐこともなくなり、都に帰ることもなくなった。

それとともに食事をまったくとらずに九月九日に命を断とうと考えたらしい。このことを周囲の人には悟らせずにいたのだが、九日に亡くなる望みを果たせず、焼石を

「御蚊遣」の上に置くと、二日ほどで「小物」（火傷）が増し、次第に体が衰弱していった。

院のこの様子から、左衛門大夫康光と盛実が出家、法衣を着て御前に伺候し、高声念仏を唱えるなか、院は眠るように気が絶えて臨終となる。

女房の右衛門督と別当局以下八人が出家。「御葬礼」は兼ねて十三日と示されていたという報告を、藤原経高は六条宮（忠成王）で聞き、書きとめている（『平戸記』仁治三年十月十日条）。在島二十二年、四十六歳で亡くなった順徳院の遺骨は、佐渡で火葬され、佐渡の真野陵に納められたが、翌寛元元年（一二四三）四月には、藤原康光が遺骨を京に運んで、大原の墓所に納めている。

順徳院は佐渡にあっては佐渡院と称されていたが、建長元年（一二四九）に順徳院の諡号《しごう》が贈られており、崇徳・安徳天皇に続いて徳の字が付されたのは、御霊として崇るのを封じるためであった。

遠藤盛遠《もりとお》（文覚）の曾孫で、順徳院の下北面の遠藤為隆《ためたか》は院に従って佐渡に来ていたが、院の死後に出家して阿仏房《あぶつぼう》と称し、真野陵を守って念仏をしていて、やがて佐渡に流罪となった日蓮に教化され、題目の行者となったという。

院の火葬塚の真野陵を訪れる人々は多く、たとえば文和四年（一三五五）に時宗八世の渡船上人が真野陵を訪れ、幕末には吉田松陰が訪れている。真野陵は、延宝六年（一六七八）に佐渡国分寺住職の賢教《けんきょう》と門徒真輪寺賢照《けんしょう》の請願で築普請された。

十八世紀初めの奉行所役人隅田富守《すだとみもり》の『佐渡名勝志』は、「始めは真野浦に皇居、後に八幡に遷居と云々。後に神に崇め、一の宮、二の宮、三ノ宮これなり」と記している。多くの伝承があり、小木の海潮寺の境内には順徳院の植えたという御所桜が、寺泊の聚感園には、順徳院を祀る越之浦神社があり、泉の本光寺の木造聖観音像は順徳院の持仏であったといわれる。本光寺から北へ百メートルの所に順徳院配所の黒木御所跡があって、御所の四方には観音・薬師・阿弥陀・天神の四像が安置され、院が礼拝していたという。

宮川の本光寺から五百メートルにある慶宮寺は、順徳院の第一皇女慶子を祀る一宮神社の別当寺であり、千種の明治記念堂から北へ六百メートルのところに明治四十四年（一九一一）に建立された「お花塚」がある。これは院が心を寄せた「お花」の家があったという言い伝えの所であろう。野沢の妙照寺の北の二宮神社は、院の第二皇女忠子を弔うために建長年間頃に建てられたといわれ、境内に忠子の墓がある。

なお、新潟市鳥屋野の「逆竹の藪」は親鸞の旧跡と伝わり、院はこの旧跡を訪ねたと言われ、院ゆかりの装束塚・馬洗いの池、馬つなぎの榎の古跡が残っている。

三　法華の行者・日蓮

修学の蓮長

日蓮が佐渡に流されたのは、文永八年（一二七一）のこと、それを遡る五十年前の貞応元年（一二二二）に安房国東条郷の「片海」（小湊の海縁の村）に「海人の子」「釣人権頭《ごんのかみ》の子」として誕生した。父は遠江出身で、安房に流されてきたという貫名《ぬきな》重忠《しげただ》、母は下総の大野《おおの》吉清《よしきよ》の娘と伝わる。

東条郷がある東条御厨は、伊勢神宮領であり、後年、日蓮は、天照大神が鎮座するこの地に生まれたのは第一の果報であったといい、日本の神を「第一天照大神、第二八幡大菩薩、第三は山王などの三千余社」であると位置づけた（『神国王御書』）。

下総の富木《とき》常忍《じょうにん》の母などの援助もあって、幼少の頃から学問に心がけ、天台寺院の清澄寺《きよすみてら》に入り、「大虚空蔵菩薩《だいこくうぞうぼさつ》の御宝前に願を立て、日本第一の智者となしたまへ」と、十二の年よりこの願を立て（『破良観《はりょうかん》等御書』）、寺の道善房の訓育を受け、十六歳で得度、出家して名を薬王丸から是聖房蓮長《れんちょう》と改め、天台教学の『授決円多羅義集唐決《じゅけつえんたらぎしゅうとうけつ》』

を勉学し、浄土教も学習した（『南条兵衛七郎御書』）。

その頃、京では念仏の広がりから、天台僧定照《じょうしょう》が『弾選択《だんせんじゃく》』を著して、法然の『選択本願念仏集』を非難したので、法然の弟子隆寛《りゅうかん》が『顕選択《けんせんじゃく》』を著して反論を加えるが、これを契機に嘉禄三年（一二二七）に延暦寺《えんりゃくじ》が専修念仏停止を朝廷に訴え、法然の墓所を破却し、朝廷は隆寛や空阿弥陀仏《くうあみだぶつ》を配流に処した（嘉禄の法難）。だが、これによって念仏宗の勢いは止まず、諸国に広がった。

成長した蓮長は、やがて浄土教学に疑いを持つようになり、清澄寺が「遠国なるうへ、寺とは名づけて候へども、修学の人なし」と、修学の人がいないと嘆き、師についても「法華経の故に地頭におそれ給ひて、心中に不便とおぼしめしつらめども、外にはかたきのやうにはにくみ」（『本尊問答抄』）と、師や同朋が東条郷地頭の東条景信を恐れ、浄土教に傾斜してゆくのを「おぼつかなし」と思うようになったという。天台宗の『円多羅義集《えんたらぎしゅう》』を書写するうち、延応元年（一二三九）の十八歳の時に清澄寺を降り、鎌倉へと向かった。

鎌倉では北条泰時が『貞永式目』を制定して執権政治を確立するとともに、鎌倉を整備、海浜の和賀江には勧進上人の往阿弥陀仏を支援して和賀江島が築かれ、西の深沢の地では勧進上人浄光を援助して暦仁元年（一二三八）に大仏の造営が始められていた。法然の弟子弁長から教えを受けた良忠が、北条氏の支援を得て進出（鎮西義）、「なごへの一門、善光寺・長楽寺、大仏殿立てさせ」（日蓮書状）と浄土宗が広がっていた。殺生を業とする武士にとって、念仏で浄土に往生できる、と説く浄土宗の信仰は理解しやすかったのである。

蓮長は、鎌倉にいた三年の間に天台浄土教や法然浄土宗や禅宗の研究に努め、清澄寺に帰って『戒体《かいたい》即身《そくしん》成仏《じょうぶつ》義《ぎ》』を著した。戒体とは戒律を守ってゆく間に肉身に生じてくる道徳的意志で、これを実体現して、戒を実践することで即身成仏できるとするものであって、念仏宗を批判、法華経だけが真実の経ではあるが、真言密教も優れている、と考えていて、さらに求道者としての道を求め上洛した。

その修学は、無常なる人生を離脱するためや、八宗の乱立する仏教界において、いずれが真の仏教であるかを究めるためのものであって、時代に変乱の起きているのを解明するためでもあったが、基本的に「日本国に渡れる処の仏教並びに菩薩の論と人師の釈を習ひ見候ばや」、「（諸宗の）肝要を知る身とならばや」という目的であり、仁治三年（一二三九）、二十一歳の時に教学の中心をなす比叡山に登った。

叡山入山と「立教開宗」

蓮長は叡山三塔の総学頭の俊範《しゅんぱん》に学んだともいわれるが、基本的に文献の実証的理解を重視する教相《きょうそう》主義的傾向を選択、内典・外典など様々な書物に学び、東塔無動寺谷の円頓《えんとん》房に止住し自学自習した。『涅槃《ねはん》経』の「法に依りて人に依らざれ」という言葉にそって、天台大師智顗《ちぎ》や伝教大師最澄《さいちょう》に学び、法華三部経の一つで、法華経序文の「無量義経」説法品の「四十余年には未だ真実を顕はさず」という経文を、日本の仏教界において検証しようと決心した。

いったん、山を降りて諸宗の肝要を知るため、三井寺に赴いて円珍《えんちん》の法門を訪ね、高野山では小野流・広沢流を究め（『理性院血脈《りしょういんけちみゃく》』）、四天王寺では六宗を兼学し、京では臨済宗の円爾弁円《えんにべんえん》や曹洞宗の道元《どうげん》に会って禅要を問い、宋朝の風俗を訪ね（『本化別頭《ほんげべっとう》高祖伝《こうそでん》』）、建長三年（一二五一）十一月に覚鑁《かくばん》の『五輪九字秘釈』を書写している。

　こうして蓮長は、天台法華宗が仏の真意を伝える教法であるが、仏法の真髄は『法華経』にあると悟って、叡山を去り清澄に帰った、建長五年（一二五三）、三十二歳。そこで「虚空蔵菩薩の御恩に報ぜんがために」、四月二十八日、清澄寺の道善房の「持仏堂の南面にて、浄円房と申す者並びに少々大衆」に申し始め（「清澄寺大衆中」）、「清澄寺と申す諸仏坊の持仏堂の南面にして、午の時に此の法門申し」たという（『聖人御難事』）。

この「開宗」に、寺の義白房・浄顧房などが共鳴したが、東条御厨の領家・地頭の争いで領家側にあった蓮長は、敵対関係にある地頭の東条景信の怒りにあい、景信に従う念仏者の円智房・実代房らが蓮長に対抗したため、師の道善房から追放・勘当されてしまう。そこで父に妙日、母に妙蓮という法号を授け、父母を最初の弟子として四恩の一を報じ、自らは父母の名にあわせて日蓮と改名した（『本化別頭高祖伝』）。

小湊から鎌倉に入って八月に松葉谷《まつばがやつ》に草庵を結んで鎌倉を宣教の地とした。その頃の鎌倉では北条泰時の孫時頼《ときより》が、将軍頼経《よりつね》と結びつく諸勢力を退け、得宗家の内々の会合「寄合《よりあい》」を開いて頼経を京に帰し、後嵯峨《ごさが》上皇に政治の刷新を要求して認めさせ、宝治元年（一二四七）に有力御家人の三浦氏を滅ぼしていた（宝治合戦）。

御家人の訴訟を審議する引付を設けて訴訟整備を整え、将軍藤原頼嗣《よりつぐ》をも建長四年（一二五二）に京に帰し、上皇の皇子宗尊《むねたか》親王を将軍に迎えて、建長五年（一二五三）に建長寺を建立、開山に来日していた蘭渓道隆《らんけいどうりゅう》をあてた。鎌倉では念仏宗や禅・律宗が広がるなか、法然の孫弟子信瑞《しんずい》は、信濃の武士からの信仰生活や殺生などについての様々な質問に、建長八年（一二五六）に『広疑瑞決集』を著して答えている。

日蓮は鎌倉で法を説くこと数年、武士の富木常忍《ときじょうにん》、工藤吉隆《くどうよしたか》、池上宗仲《いけがみむねなか》、四条金吾頼基《しじょうきんごよりもと》、進士《しんじ》太郎、波木井実長《はきいさねなが》らが帰依し、建長五年に成弁律師日昭《にっしょう》、六年には日朗《にちろう》が入門、正元元年（一二五九）には日興《にっこう》が入門して弟子となった。

飢饉・疫病と『立正安国論』の上程

その頃、天変地異や飢饉、疫病が広がっており、なかでも「正嘉《しょうか》三年の春比より世のなかに疫癘《えきれい》おびただしく」流行という状況であった。この正嘉年間に始まる飢饉・疫病はすさまじく、京では「下臈どもは病まぬ家なし。川原などは路もなきほどに死骸満ちて、浅ましき事にて侍りき」状態であった（『五代帝王物語』）。

諸国七道の民もおほく死亡せしけむ、三月二十六日改元ありて正元と改まる。正月上旬の比、死人を喰ふ小尼出来て、よろづの所にてくふと云ふ程に、十四五計《ばかり》なる小尼、内野より朱雀の大路を南ざまへ行とて、まさに死人の上に乗りゐて、むしり喰う。目もあてられずぞ有ける。

京では死者を食う女人が出たというが、これについて日蓮は、「洛中にして人の骨肉を朝夕の食物とする由」が露顕し、山門の衆徒が「世末代に及て、悪鬼国中に出現せり」と退治を加えようと、その「住所を焼失し、その身を誅罰せむとするところに、自然に逃失し、行方を知らず」になったと記す。「鎌倉中にまた人肉を食ふの間、情ある人、恐怖せしめ候」とも記し、鎌倉でも人肉を食べた人がいたという。この疫病の様は、戦国期制作の『日蓮聖人註画讃』の巻一の五段に描かれている⑧。

こうしたなか、日蓮は正嘉二年（一二五八）と翌正元元年に安房の岩本実相寺の経蔵に入って、一切経を閲読し『守護国家論』を著した。仏教の教えには、仮の教え（権教）と真実の教え（実教）があって、「実教は四十余年、未だあらわれず」と指摘、法然の『選択本願念仏集』は正法破壊の恐るべき謗法《ほうぼう》律の悪書である、と糾弾した。末法の今日は、『法華経』でなければ、衆生の救済、国土の守護を期待できない、と説いて、「法華・涅槃を修行するの者の所住の処は、浄土と想ふべし」と喝破、謗法を退治するのは国王であって、国土が荒廃すれば、個人の安心立命も、正法の広宣流布も、不可能になる、と守護国家の必要性を訴えた。

日蓮は、念仏宗を謗法と捉えてその退治を考え、国王と仏法のあるべき様態を考えたのであり、その翌年には『災難興起由来』『災難対治鈔』を著し、『守護国家論』の三著作を下敷きにした『立正安国論』を著して、幕府で実権を握る北条時頼に上申した。

正嘉元年八月二十三日の、前代を超えた大地震や、同二年の台風、三年の大飢饉、正

⑧ 正嘉の大飢饉 『日蓮聖人註画讃』巻一の五段（大本山本圀寺蔵）

元元年の大疫病、同二年の大疫によって「万民、既に大半を超えて死を招き了ぬ」という状況から、国王は驚いて種々の祈祷をしたのであるが、その験《げん》なく、かえって飢疫が増したことから提出したという。

『立正安国論』

『安国論御勘由来』は『立正安国論』の上申について次のように記す。

日蓮世間の体を見て、あらあら一切経を勘《かんがふ》るに、御祈請の験なく還て、凶悪を増長するの由、道理・文証これを得おわんぬ。ついにやむことなく、勘文一通を造りなし、その名を立正安国論と号す。文応元年（一二六〇）七月十六日、屋戸矢入道に付し、奏進して故最明寺入道殿に申しおわんぬ。これ偏に国土の恩を報ぜんがためなり。

宿谷入道最信を介して時頼に上申したものであり、『立正安国論』は、旅客と主人との間の問答の体裁をとって論を展開する。「旅客来りて嘆いて曰く」と、近年の災異を語った旅客が「是れ何なる禍により、是れ何ある誤によるや」と問うのに対し、主人が「世人が皆、正に背き、悪に帰したからであり、善神が国を捨てて去り、聖人は所を辞して帰らず、この故に魔や鬼が来て、災難が起こったのである」と語り、金光明経《こんこうみょうきょう》の種々の災、大集経《だいしゅうきょう》の三災、仁王経《にんのうきょう》の七難、薬師経《やくしきょう》の七難などをあげ、その支証（証拠）とした。

正嘉以来の相続く変妖によって、薬師経の説く「人疾衆生疫の難」「他国侵逼《しんぴつ》の難」「自界叛逆の難」「星宿変怪の難」「日月薄蝕の難」「非時風雨の難」「過時不雨の難」などの七難のうち、五難はすでに現れたが、「他国侵逼の難」「自界叛逆の難」はこれからおき、大集経の三災のうち「兵革の災」、金光明経の災のうち「他方の怨賊国内を侵略する」の災、仁王経の七難のうち「四方の賊来って国を侵す」の難などが、これから起こる、と説いた。

その原因は、みだりに邪説を信じ、正教を弁《わきま》えぬからであり、その邪説の最たるものが法然の専修念仏であって、これは諸仏・諸経の怨敵、聖僧衆人の讎敵《しゅうてき》である、と痛撃したうえで、天下泰平・国土安穏を願うならば、謗法を禁じて政道を重んじなければならないと述べ、早く信仰の心を改め、速やかに法華一乗に帰すれば、三界は皆仏国、十方は悉《ことごと》く宝土となり、身は安全、心は禅定になる、と勧め誡《いまし》め、最後に、謗法退治の方策をめぐらし天下泰平を致し、生前を安んじ没後をたすけるように、ただ自分だけが信ずるばかりでなく、他の誤りをも誡めよ、と結ぶ。

日蓮は、正法廃棄から悪法帰依、善神捨国、聖人辞所、悪魔跳梁、災害続出への順序で説いてゆき、念仏宗の退治、法華経への帰依を主張したのであるが、これは幕府から求められたものではなく、自ら進んで勘申したものであり、かつてない政治への挑戦状であった。

受け取った時頼は動かず、批判された念仏宗側が動いた。「念仏者並びに檀那ら、又さるべき人々も同意しけるとぞきこえし。夜中に日蓮が小庵に数千人、押し寄せて、殺害せんとせしかども、如何したりけん、その夜の害もまぬかれぬ」と、松葉谷の草庵を襲われたのだが、危うく逃れたという（『下山御消息』）。

上申を契機に、念仏宗との間で法論が交わされた。善光寺の道阿弥陀仏、長安寺の能安らとの「論談敵対の時」には、「二口三口に及ばず、一言二言をもって退屈せしめおわんぬ」と退けたこともあったが、これ以後、日蓮に、悪口を加え、無知の道俗を語らって国々の地頭らを請い、権門に寄せ、昼夜に私宅を打ち、杖木を加え、刀杖に及び、貴人に向かって、日蓮を謗法者、邪見者、悪口者、犯禁罪者などと讒言したという（『論談敵対御書』）。

伊豆の日蓮

幕府は全国的飢饉、疫病に対し、戒律の復興や民衆の救済を勧める律宗の活動を高く評価し、叡尊の弟子忍性《にんしょう》が東国に下って筑波山の麓の三村極楽寺に入り律宗を布教していたところから、北条重時が正元元年（一二五九）に招いて、鎌倉の極楽寺の長老になし、その忍性の勧めで、叡尊が鎌倉に招かれたが、その間の弘長元年（一二六一）に、幕府は貞永式目十三条の「悪口の咎」により、日蓮を伊豆に流した。

これに日蓮は、式目の起請文の精神を破るものであり、政道に私するものである。執権武蔵守北条長時・連署相模守政村の「両国吏、心を合せたる事なれば、殺されぬを咎にして、伊豆国へ流されぬ」（『破良観等御書』）と、伊豆配流になった。「長時武蔵守殿は、極楽寺殿（重時）の御子なりし故に、親の御心を知って、理不尽に伊豆国へ流し給ぬ」と「妙法比丘尼御返事」に記し、配流には長時が動いていた、とみていた。

配流の船は伊豆の川名（川奈）の津に着き、船から上がって、苦しんでいたところ、川奈の浦の上原弥三郎という漁師に助けられ、夫婦にひそかに養われ、食事を与えられ、洗足や手水に至るまで、三十日間、所の地頭や住人が目をいからすなかで、面倒を見てくれた。日蓮は「過去に法華経の行者にてわたらせ給へるが、今末法に船守の弥三郎と生まれ替りて、日蓮をあはれみ給ふか」と、記してその恩を謝している。『日蓮聖人註画讃』の巻二の七段⑨はこの時の絵を描いている。

川奈から伊東に移ると、地頭の伊東朝高《ともだか》から病気平癒の祈祷を依頼されたので、法華経を信じることを条件に祈祷したところ、病気が全快したので、喜んだ朝高から海中から得たという釈迦仏立像を与えられたと、翌弘長二年正月の安房天津の工藤吉隆《よしたか》に宛てた消息（『四恩鈔』）で記している。

流罪になったことは、予言に符合したのであれば、身をもって法華経を読むことになったが、この法華経色読《しきどく》の功徳によって、一切衆生・父母・国王・三宝の四恩に報ずることができ、この上ない大歓喜である、と語り、法華経法師品の「如来の現在す

⑨ 伊豆に配流された日蓮　『日蓮聖人註画讃』巻二の七段（大本山本圀寺蔵）

ら、猶怨嫉多し、況や滅度の後おや」の文意が初めてわかった。法華経の故に流罪の身になったことは、行住座臥《ぎょうおうざが》に法華経を読み、行をすることになったと述べ、我が身を法華経の持経者と称している。

同年二月には『教機時国鈔《きょうきじこくしょう》』を著し、教・機・時・国・序の五項目を立て、法華経こそが今の日本に流通されなければならない正法である、と論述し、法華経は一切経中の経王であると知るのは、敵を知る者であり、一切衆生は純円《じゅんえん》の機（法華経を信じうる能力）であると知るのは、機を知る者である。当世は末法に当たり、法華経を広宣流布する時であることをいうのは、時を知る者である、と論じた。

建仁年間から禅宗・念仏宗が起こり、実大乗《じつだいじょう》を破り、一切経を捨てて教外別伝《きょうがいべつでん》を立てるのは、教法流布の先後順序を知らないものであるとして、禅宗・念仏宗を破折《はしゃく》する。末法最初の五百年にあたり、法華経の敵人には三類がある、と法華経に記されているが、その敵人を表すものは法華経の行者であって、これを隠すものは法華経の行者ではないが、表せば必ず身命を失うであろう、と結んで、自らを法華経の行者であると語っている。

さらに『顕謗法抄《けんぼうほうしょう》』において、八大地獄の因果、無間地獄の因果の軽重、問答の料《りょう》簡《けん》、行者弘教の四大科を立て、謗法罪がどんなに恐ろしいものであるかを、諸宗謗法の様相とその見解を明らかにし、法華経を他の大乗経の者が破るのは謗法であるが、法華経が他の大乗経を謗るのは謗法ではない、との確信を抱いた。

松原の刃難

弘長三年（一二六三）二月、日蓮は流罪を赦免されたが、これは「最明寺殿計りこそ、子細あるかとをもわれて、いそぎゆるされぬ」と『破良観等御書《はりょうかんとうごしょ》』に記し、時頼が動いたものと見ているが、その時頼が十一月に亡くなると、「最明寺入道殿隠れさせ給ひしかば、かにもあしくなりなんず」と、今後の成り行きに不安を記している。

そのことを物語るかのように、翌文永元年（一二六四）七月に大彗星が現れると、日蓮は世の中始まって以来の凶瑞であると語り、世の不安や動揺著しく、日蓮は故郷の安房に帰省している。「日蓮悲母を祈りて候しかば、現身に病をいやすのみならず、四箇年の寿命を延べ」（『可延定業御書《かえんじょうごうごしょ》』）と、重病の母を見舞うとともに、安房を中心にして法華経の弘通に励んだ。父の墓を訪れ、病重く息絶えてしまった老母が、日蓮の丹誠こめた祈りから蘇生すると、法華経は「閻浮提《えんぶだい》の人の病の良薬なり」という経文が証明されたとみている。

母に孝養を尽くした後、西条華房《さいじょうはなふさ》の蓮花寺《れんげじ》にいる浄円房《じょうえんぼう》に会い、念仏が無間地獄に堕ちる業である所以を説き、念仏を捨てられない師の道善房《どうぜん》が蓮花寺に来ると、法華経に帰依するように勧めた。次いで天津《あまつ》の工藤吉隆に招かれ、鏡忍房《きょうにん》や乗観房《じょうかん》・長英房《ちょうえい》などの弟子をつれ、東条の小松原《こまつばら》にさしかかった時、東条景信に襲われた。

この法難の様子を、駿河の南条兵衛一郎《なんじょうひょうえ》への消息で、病の南条に病気見舞いを兼ねて、念仏・法華の二心を厳しく戒め、法華信心を奨励するなかで、次のように記している。

今年も十一月十一日、安房の国松原と申す大路にして、申酉《さるとり》の時、数百人の念仏らに待ちかけられ候て、日蓮は唯一人、十人ばかり、ものの要にあふものわづかに三・四人也。射る矢はふる雨のごとし。打つ太刀はいなづまのごとし。弟子一人は当座にうちとられ、二人は大事のてにて候。自身も切られ打たれ、結句にて候し程に、いかが候けん、うちもらされて、今まで生きてはべり。いよいよ法華経こそ信心まさり候へ。

弟子らや工藤吉隆が迎えに来て防戦したのだが、吉隆と鏡忍房が討死し、日蓮も頭に傷を受け、左の手を打たれたものの（『聖人御難事《しょうにんごなんのこと》』）、攻撃を免れるが、法敵である景信は、のちに変死したという（『報恩抄《ほうおんしょう》』）。

日蓮はこの法難で、法華経安行品の「一切世間怨むもの多くして信じ難し」や、法師品の文から「唯日蓮一人こそよみはべれ、我身命を惜しまず、ただ無上道のみを惜しむ是也。されば日蓮は、日本第一の法華経の行者也」（南条兵衛一郎殿御書）と称するようになった。傷も癒えた日蓮が、安房・上総・常陸・下野にまで赴く間に、武士の信徒が増えた。上総奥津《おくつ》の佐久間兵庫重吉《しげよし》の子竹寿麿《たけじゅまろ》が出家して寂日房日家《にちか》、孫の長寿麿が帥法師日保《にちほ》となって小湊に誕生寺《たんじょうじ》を創建した。上総の藻原《もばら》遠江守兼綱《かねつな》や、墨田《すみだ》の高橋時光《ときみつ》、宇都宮景綱《かげつな》の姉妙正《みょうしょう》なども檀徒になった。

文永三年（一二六六）に再び故郷に帰った日蓮は、清澄寺で女性の信者にあて『法華題目鈔』を書いた。「妙法蓮華経の五字に一切の法を納むる事をいはば、経の一字は諸の中の王也」「諸仏の諸経も皆法華経の一字の眷属《けんぞく》也」と、法華経こそが諸経の王である、と法華経を高揚しているが、念仏信者の女性の機根を考慮してか、一日に六万十万千万遍も題目を唱え、なお暇があれば、念仏を唱えるのもさしつかえない、と記している。

日蓮はこれに「根本大師（最澄）門人」と署しているので、いまだ徹底的な法華経至上主義者ではなかった。ここでの日蓮の意図は、信者を折伏するより「開会」に向けてのものである。文永四年に母が亡くなると、再び下総を巡化し、富木胤継《たねつぐ》の子伊予房が日頂《にっちょう》として出家入門、房総をまわった。

四　佐渡での開宗

国難の予言的中

文永五年（一二六八）に通交を求めるモンゴルの国書が到来すると、これに対して、幕府の執権になった北条時宗《ときむね》は、強硬な態度をとり、体制の引き締めをはかるとともに朝廷にモンゴルの国書到来を伝えた。四月に日蓮は、先に提出した『立正安国論』が、蒙古の国書到来によって「日蓮が勘文に相叶うことあたかも契約のごとし」と、予言があたったとして、『安国論御勘由来《あんこくろんごかんゆらい》』を書き、得宗被官の法鑑《ほうかん》（平左衛門頼綱《よりつな》の父か）に示し、『立正安国論』を再提出した。

日本国を破滅に追いやる謗法は、念仏宗と禅宗であり、破滅を救うのは比叡山と日蓮である、再び上申するのは、国のため、法のため、人のためである、と上申の理由を語る。十月十一日には、北条時宗・宿屋入道・平左衛門尉頼綱・弥源太入道（北条時《とき》盛《もり》）、建長寺の蘭渓道隆、極楽寺の忍性、大仏殿別当、寿福寺・浄光明寺・長楽寺・多宝寺などにも送った（『十一通書状』）。

そのうち時宗には、勘文が的中したことを記し、諸寺院への帰依をやめるよう勧め、国家の安危は政道の直否に、仏法の邪正は経文の明鏡によるものである。この国は神国であって、神は非礼をうけず、天神・地神以下はこの国を擁護するが、法華経を食となし、正直を力となすべきである。今、日本は蒙古に奪われようとしており、日蓮の申すことを用いなければ、後悔するであろう、日蓮は法華経の使いである、と書いた上、一所に集まって評議され、その結果を伝えられたい、諸宗を御前に召し仏法の邪正を決して欲しい、と記した。

蘭渓道隆には、仏法の繁栄は印度・支那に超過しているが、諸経の勝劣浅深は未だ知らず、三徳の釈迦如来を抛《なげう》って他方の仏菩薩を信じているのは、逆路伽耶者《ぎゃくろかやしゃ》であらざるか、念仏は無間地獄の業、禅宗は天魔の所為、真言は亡国の悪法、律宗は国賊の佞説、という四箇格言を示した。鎌倉中の上下万人は、道隆聖人を仏のように仰ぎ、良観聖人を羅漢のように尊とんでいて、ほかの寿福寺なども慢心が充満、増上慢の大悪人であって、これでは蒙古の大兵を調伏できず、日本国中の万人は生け捕りになり、今の世は亡国、後の世は無間地獄に堕ちよう、これらを紙面にのせ「対決の時」を期す、と挑戦した。

忍性には、僭聖増上慢で、今世は国賊、来世は地獄に堕すのは必定、先非を悔いるならば、日蓮に帰伏するのがよい。日蓮は日本第一の法華経の行者であり、蒙古国退治の大将であると露骨に挑戦した。諸寺にも、日蓮のいうところに疑い、不満があれば、対決して教法の邪正をはっきりさせよう、という消息を送った。

弟子や檀越に対しては、十一通の書状を送ったので、何らかの形で迫害を加えられるかもしれない、流罪・死罪に問われるかもしれないが、驚いてはならぬ、日蓮も予期しているので、各々も用心するのがよい。少しも妻子・眷属を憶わず、権威を恐れず、生死の絆を切って仏果を遂げるように示した。

しかし、幕府は日蓮の主張を黙殺し、諸寺は使者に悪口を浴びせ、消息を受けとらず、受け取っても返事をしなかったという（『種々振舞御書《しゅじゅふるまいごしょ》』）。

竜口の法難

文永六年（一二六九）九月、蒙古中書省の牒が到来すると、日蓮は『立正安国論』の奥書に「既に勘文に叶った」と記し、「十一月頃」に方々に申し遣わしたところ、少々返事がくるようになって、「上への見参」にも入れたと言っており（『太田金吾宛て返書』）、日蓮の動向に目が注がれるようになった。

日蓮は三年前から、毎年十一月二十四日に天台大師（智顗）講を催し、「現世安穏・後世善」を祈ってきたが、文永七年にはことに参集者が多かったという。さらに日蓮は『善無畏《ぜんむい》三蔵鈔』『真言七重勝劣』『真言天台勝劣事』などの真言宗破折の書を著し、文永八年正月に安房から下総の秋元氏に消息を送り、五月には叡山に修学中の三位公日行《にちぎょう》に『十章鈔』を送って、『摩訶止観《まかしかん》』の要結は、南無妙法蓮華経であることを教え、念仏に同調した天台の学者を破折するよう促した。

六月、旱魃《かんばつ》が続いたため、幕府から祈雨の修法を命じられた忍性が、極楽寺や多宝寺の僧を動員して行うことになると、日蓮は、信者を招いて、もし七日のうちに雨が降るならば、念仏無間の法門を捨て、忍性の弟子になろう、もし降らなければ、忍性の持戒ぶった誑惑《おうわく》（惑わし）が明らかになろう、と送ったところ（『下山抄《げざんしょう》』『頼基陳情《よりもとちんじょう》』）、雨は降らず、祈雨は失敗した。

忍性のこの不首尾に同情した名越善光寺の道阿《どうあ》道教《どうきょう》や光明寺の念阿良忠《りょうちゅう》は、忍性と善後策を講じ、日蓮の学識を試みるため、浄光明寺僧の行敏《ぎょうびん》に問答を行わせようとするが、これに日蓮は、条々の不審のことあれば、私的な問答では行い難く、幕府に上申されたい、と断ったので、行敏は幕府に日蓮を告訴した。

法華一部に執して諸大乗を誹謗《ひぼう》し（『是一非諸《ぜいちひしょ》』）、念仏は無間の業、禅宗は天魔波旬の説、大小の戒律は世間誑惑の法であるといい、年来の本尊阿弥陀・観音等の像を火に入れ、水に流し、弓箭・兵仗を畜え、凶徒を庵室に集めている、と訴えたのである（『行敏訴状御会通《ぎょうびんそじょうごえこう》』）。

これに日蓮は、経文や諸宗先聖の論釈を引用し、我が法門が正当である所以を論じ、兵仗を畜えるのは、法華経守護のためであり、「仏法の定まれる法」である、と反駁《はんばく》したが、ここで日蓮が兵仗を畜える、と語ったことから、疑いの目が向けられ、九月十二日に日蓮の主張を記した書状が平頼綱に提出されると、幕府は未の刻に数百人の兵士を率い、日蓮を追捕するために庵室に向かった。

日蓮は、平頼綱が大将になって数百人の兵士に胴丸を寄せ、烏帽子をかぶらせ、眼をいからし、声をあららかに張り上げ、「諸の無智の人の悪口罵詈《ばり》等し、及加《きゅうか》刀杖を加うる者あらんも、我らはまさに忍ぶべし」という法華経五巻の勧持品によって、面を三度打たれ、九巻の法華経を打ち散らされたが、日蓮は、頼綱に「あら面白や、平左衛門少尉がものに狂うを見よ」とよばわったという（『種々御振舞御書』）。

予を失うは、日本国のはしらを倒すなり。只今に自界叛逆罪とてどしうち（同士討ち）して、他国侵逼難と此国の人々、他国に打殺るのみならず、多くいけどりにせらるべし。建長寺・寿福寺・極楽寺・大仏・長楽寺等一切の念仏・禅僧等が寺塔をやきはらいて、彼等が頸を由比浜にて切らずは、日本国は必ずほろぶべし。

（『撰時抄』）

日蓮は、日本は滅ぶ、と発したのだが、逮捕されて佐渡守護の武蔵守北条宣時《のぶとき》の預りとなり、鎌倉を引き回された。若宮大路の赤橋を過ぎる時、馬から降り、八幡大菩薩に「いかに八幡大菩薩はまことの神か」「大蒙古国からこの国を攻めるならば、天照大神・正八幡とても安穏でおられようか」「日蓮、今夜、頸斬られて、霊山浄土へ参った時は、まず天照大神・正八幡こそ誓いを果たさぬ神と、名指して教主釈尊に申しあげるぞ」と、問いただした。『日蓮聖人註画讃』の巻三の十七段（⑩）はこの時の絵を描いている。

由比ヶ浜に出て、腰越の竜口まで来て頸を斬られようとした、と『種々御振舞御書』は記す。『四条金吾殿御消息』にも「流罪は伊東、死罪はたつのくち、相州たつのくちこそ日蓮が命を捨てたる所なれ」とある（龍口《たつのぐち》の法難）。だが、死を免れて佐渡に流されることになり、北条宣時の守護代依智《えち》六郎左衛門尉の所領である相州の依智に向かった。

佐渡配流

竜口法難を経て、日蓮は門弟・檀越を「千が九百九十九は堕ちて候」と失ったばかりか（『新海御前返事《しんかいごぜんへんじ》』）、日朗ら門弟五人が召し籠められたので、日蓮は文永八年（一二七一）九月十四日、「度々とがにあたりて重罪をけしてこそ、仏にもなり候はんずれば、

⑩ 八幡大菩薩への諫暁 『日蓮聖人註画讃』巻三の十七段（大本山本圀寺蔵）

我と苦行を致す事は心ゆくなり」と、法華経勧持品にあるように、度々、罪科に処せられて、重罪を消し仏になることができれば、苦行もいとわない、と富木氏に伝えた（『土木殿御返事』）。

十月二日に土籠の五人に対し、苦しみは我が身から出たことからで、心苦しく、申しようもないが、牢から出たならば、佐渡に来るようにと伝え『五人土籠御書』、同五日に、大田乗明《じょうめい》や曽谷入道・金原《かねはら》法橋からの慰問に、『軽重軽受法門』を示し、正法の行者が現世の苛酷な受難を余儀なくされている、と答えた。

現世の受難は、過去世の謗法罪の応報を軽受する所以であり、末法悪国に法華経の正義を折伏布教する場合、謗法の受難を覚悟の上でなければならず、法華行者の受難は、法華経の仏の予言の証を立てるのにも必要である、と語って、「我と用ひられぬ世なれば、力及ばず」と、多少の挫折感を吐露している。

十月九日、最初の「字像本尊」として、中央に大書された南無妙法蓮華経の左右に、不動・愛染《あいぜん》二明王の種子を配し、自署・花押の曼荼羅を創作している。十日、警固の武士に護られ佐渡に向かったが、その日は武蔵の久米川《くめがわ》宿に泊まり、二十一日に越後の寺泊《てらどまり》の石河宇右衛門の家に泊まって、翌日、富木常胤から添えられてきた僧を帰した際、これに託し『寺泊御書』をしたため、そのなかで真言僧を非難している。印・真言のない経典を貶めているのは道理をわきまえない僻見《へきけん》である、と難じ、我は勧持品の「悪口罵詈《ばり》」「及加刀杖者《きゅうかかじょうしゃ》」の経文を真に読み、未来には不軽菩薩《ふきょうぼさつ》になろう、と記している。不軽菩薩は、石や杖をもって打たれ、追われても、よくこれを忍受し、先世の謗法罪を消滅した菩薩である。

十月二十七日、順徳院と同様に寺泊を出港し、暴風雨にあったので、越後角田崎に避難して翌日に佐渡の松ケ崎に着き、小倉を経て新保《にいほ》の本間重連《しげつら》の邸に入った。道中においても、国中においても、殺されるか、餓死するか、のような扱いで（『中興入道《なかおくにゅうどう》消息《しょうそく》』）、重連の家の後ろの塚原《つかはら》の一間四面の堂に捨て人のように入れられ、敷皮を敷き、蓑を着て日夜を過ごした。夜は雪雹、雷電の暇なく、昼は日の光も当たらず、誠に心細い住居であったという（『種々御振舞御書』）。

十一月二十三日に富木胤継に、只今は法華経本問の大法が弘まる時であって、経文に「四導師あって、一を上行と名づく」「悪世末法の時に能く是の経を持つ者」という一文がある、と述べ、日蓮は自身を『法華経』従地涌出品に、末法の世にこの経を弘めることを付属（経典を護持するよう付託すること）された四大菩薩（上行・無辺行・浄行薩・安立行菩薩）の筆頭の上行菩薩の再誕と語っている。

佐渡には「法然が弟子充満せり。鎌倉に日蓮を悪みしより、百千万億倍にて候」（四条金吾殿御返事）と記すように、法然の弟子が充満していたが、その一人の念仏宗の阿仏房は、塚原を訪ねて日蓮に教化され、地頭や念仏者が三昧堂を見張っているにもかかわらず、夜中に妻の千日尼と衣食を届けてきたので、「只悲母の佐渡に生れかわりて有るか」と、その恩に謝している（『千日尼《せんにちあま》御《ご》前《ぜん》御《ご》返事《へんじ》』）。

国府入道夫妻も、夜中にひそかに食を送ってきており、禁令を憚《はばか》らずに日蓮の身代わりにもなろうとしたので、その恩に謝している（『国府尼御前御書《こくふあまごぜんごしょ》』）。学僧の最蓮房は、日蓮に会って弟子になり、一谷法華堂で得度を受けて日栄《にちえい》の名を与えられ、「生死一大事血脈鈔」「得受職人功徳法門」を与えられた。

庭には雪が積もり、人も通わず、堂には荒い風のほか訪れるもののないなか、眼には止観・法華をさらし、口には南無妙法蓮華経を唱え、夜には月・星に向かって、諸宗の相違と法華経の深義を談じているうちに年も変わると、日蓮の教えが広まったので、島の念仏者の唯阿弥陀仏や印性房《いんしょうぼう》、律僧の生喩《しょうゆ》房らが集まり、本間重連の館に赴いて日蓮の処分を求めた。これに重連は、幕府から殺してはならないとの副状もあり、あなどるべき流人ではないので、もし過ちがあれば、重連の大いなる咎になるので、ただ法門で責められよ、と語った。

そこで念仏者らは、佐渡のみならず、越後・越中・出羽・奥州・信濃などから集まって、文永九年（一二七二）正月十六日に塚原三昧堂前の大庭や野原に数百人集まった。悪口で騒ぎ響くこと震動・雷電のごとくであったという。

日蓮は、しばらく騒がせた後、鎮まりたまえ、法門のために来られたのであろう、悪口は益無きことである、と発し、止観・真言・念仏の法門において、一つひとつ彼らの言い分を反駁《はんばく》、承服させ、問い詰めた。彼らは一言・二言を言ったに過ぎず、さんざんに打ちまかされて、問答に来た者はいつの間にか姿を消したという（『種々御振舞御書』）。『日蓮聖人註画讃』の巻四の十一段（⑪）はこの塚原問答の絵を描いている。

翌日に印性房弁成《べんじょう》は再びやってきて問答を行うと、その内容を「法華浄土問答鈔」に記し、これに日蓮・弁成が花押を加えた。

『開目鈔』の達成

日蓮は塚原問答の後、文永九年（一二七二）二月、法華行者である日蓮が、様々な難

⑪ 塚原問答 『日蓮聖人註画讃』巻四の十一段（大本山本圀寺蔵）

を受けてきたのに何故に仏菩薩の加護を受けずに幾多の法難にあうのか、という疑問から『開目鈔《かいもくしょう》』上下二巻を著した。

「日蓮といゐし者は、去年九月十二日の子丑の時に頸はねられぬ。これは魂魄《こんぱく》佐渡の国にいたりて、返す年の二月雪中にしるして、有縁の弟子へをくれば、をそろしくて、をそろしからず」と、佐渡に流された痛切な体験を通じての自身の如実を記した。

天台宗の教義に基づく法華経は、二乗作仏《にじょうさぶつ》と一念三千《いちねんさんぜん》を説くが故に、他の経に優れているが、諸宗はこれを悟らず、ひそかに盗んで自宗の骨目としている。一念三千とは、凡夫の一瞬一瞬の心に三千の世界をそなえることをいう。『華厳経』に説かれる仏・菩薩から地獄までの十界について、それぞれにまた十界をそなえ（十界伍具）、その百界に『法華経』方便品の如是相《にょぜそう》・如是性から如是本末究竟等までの十如是と、『大智度論』の三種世間を相乗したのが三千の世界である。

日蓮が数々の迫害を蒙《こうむ》ってきたのは、仏が法華経のなかで末法の時に、経を弘通《ぐつう》する行者に難多きことを記しているが、その予言を色読し、法華経行者であることが証明され、「我れ、日本の柱とならん、我れ日本の眼目とならん、我れ、日本小大船とならん」の三大誓願を発し、末法の衆生の大導師たるべし、と記している。

法華経は二乗作仏と一念三千を説く、とあるが、二乗とは声聞（仏の音声を直接聞いた人）、縁覚《えんがく》（無仏の世に出て十二因縁等の法によって修行する人）のことで、一念の心に三千の諸法を観じ、成仏できないとされていた二乗の成仏が、釈尊から保証されたという。また「釈尊一代の肝心たる一念三千の法の大綱・骨髄である二乗作仏・久遠実成《くおんじつじょう》」とも記しているが、久遠実成とは、仏が永遠の過去において悟って以来、限りない時の間、人々を教化してきた、と説く教えであり、法の永遠常住と釈迦永遠不滅を説いている。

本書には、これまでの儒教や神祇への考え方からの大きな転換がある。仏教は過去・現在・未来の三世を知る教えなのに、儒教は「いまだ過去・未来を一分の知らず」「現在計り知れるに似たり、現在にをひて仁義を制して身を守り、国を安んず。これに相違すれば、族をほろぼし、家を亡ぼす等」という。儒教は「治国平天下」「救世済民」など「現在」しか知らない、と批判した。「賢聖の人々は聖人なりといえども、過去を知らざること凡夫の背を見ず、未来をかがみざること盲人の前を見ざるがごとし」とも指摘した。

神祇については、「天照大神・正八幡・山王等諸守護の諸大善神も法味をなめざるか。国中を去り給ふか故に、悪鬼便を得て国既に破れなんとす」と、日本の神々は助けにはならず、法華経の法味に浴してはじめて助けになる、という。

この文永九年（一二七二）二月、幕府では名越時章《ときあき》とその弟教時《のりとき》が殺害され、さらに六波羅探題南方の時宗弟の時輔《ときすけ》を急襲する「二月騒動」がおきたが、この乱は文永元年以来、名越氏と時輔らの、時宗に対抗する勢力を一掃させるものであった。

報が日蓮に伝わると、日蓮は薬師経にみえる「自界叛逆難」にあたるとして、「これ関東の御一門の棟梁也。日月也、亀鏡也。日蓮捨て去る時、七難必ず起こるべし、と去年九月十二日、御勘気蒙りし時、大音声を放ちて、よばはりしこと、これなるべし。わずか六十日ないし若五十日にこの事起こるか」(『佐渡御書』『四信五品鈔』)と、予言が再びあたったことを誇り、自信を深めていった。

佐渡の日常

文永九年四月には「予下賤《げせん》なりと雖《いえど》も、かたじけなくも大乗を学び、諸経の王につかふる者也。釈迦既に妙法の智水をもって、日蓮の頂に灌いで面受口決せしめ給ふ」(『得受職人功徳法門鈔《とくじゅしょくにんくどくほうもん》』)と語って、諸経の王である法華経に仕えることを、釈迦も証明しているという、仏使の意識を確認する。

『四条金吾殿御返事』では「法華経一字一句も唱へ、又人にも語り申さんとするものは、教主釈迦の御使なり、しかれば、日蓮卑しき身なれども、教主釈尊の勅宣を頂戴してこの国に来たれり」と記しており、釈尊の使いとして法華経を弘通すべく、勅命を受けて日本にやってきたのであると語り、その自己認識を深めている。

日蓮は、その頃、一谷《いちのさわ》に移っていて、そこに四条金吾が訪ねてくると、たいそう喜び、その妻に向け、はかばかしい下人もいないのに、このような乱れた世に、金吾を遣わされた志は太地よりも厚く、地神も知り給って虚空よりも高く、梵天帝釈も知り給うであろう、と書き送っている。

五月には、幼児を連れた女人が訪ねてくると、感嘆して日本第一の女人といい、日《にち》妙《みょう》の名を与えた（『日妙聖人御書』）。このほか出家した弟子らも来島、七、八人がつねに日蓮に仕えるようになる。

日蓮を預かった一谷の近藤伊久《これひさ》入道は、日蓮に厚意を抱き、配給の食事が少なくなると、僅かな飯の残りを折敷《おしき》に乗せて、分けてくれ、日蓮を襲う者を退けてくれた（『一谷入道御書』『千日尼御前御返事』）。当人は念仏の信者を通したが、妻は信者となり、一族の一人は学乗房日静《にっせい》と名乗るようになった。一谷の隣村の中興《なかおく》に住む中興入道は、父の次郎入道が日蓮に同情して危害を加えず、入道も初めは好意を寄せる程度であったが、感化されついに法華経の信者となった（『中興入道消息』）。

六月に、日蓮は釈尊が悟った教理の表象として「妙法蓮華経」の五字の題目こそが、等しく衆生の成仏できる道であると確信し、この五字の題目を受持すれば、ひとりでに成仏できるとして、信仰の客体である釈尊を「本門の本尊」、五字の題目を「本門の題目」とし、この二つが実際の救済や行の場においては一体であるとして、それを象徴化して図示するようになった。

七月八日に『佐渡始顕本尊《さどしけんのほんぞん》』と称される絹本の大曼荼羅《まんだら》本尊を図示したが、これの模写本によれば、長さが五尺八寸二分（百七十六・三センチ）、幅が二尺六寸（七十九センチ）である（久遠寺蔵）。さらに信徒には一紙ほどの小型の曼荼羅を書いて、「守護の曼荼羅」として身につけるよう与えている（『佐渡百幅《さどひゃくふく》』）。佐渡の妙宣寺には長さ四十二・

一センチの曼荼羅(⑫)が伝わる。

『観心本尊鈔』

四月二十五日には『観心本尊鈔《かんじんほんぞんしょう》』を著した。日蓮の思想・信行・行実・理想・行法・宗旨の一切を根本的に宣明したもので、冒頭で『摩訶止観』第五の一念三千の出所をあげ、智顗《ちぎ》の理一念三千を説明しつつ、日蓮の本懐とする事《じ》一念三千を説明してゆく。

この(末法の)時に、「地涌の菩薩、はじめて世に出現し、ただ妙法蓮華経の五字の良薬を、幼稚の衆生に服せしめる、謗法の罪により悪道に堕ちるが、法華経を聞いたことによって、後に必ず利益を得る、というのはこれである。我が弟子これを思え」と、日蓮は言いきって、自身が地涌の菩薩そのものとした。

日蓮は末法の時代に生きる愚かな凡夫の救済を焦点にあて、一念三千の奥深い理念

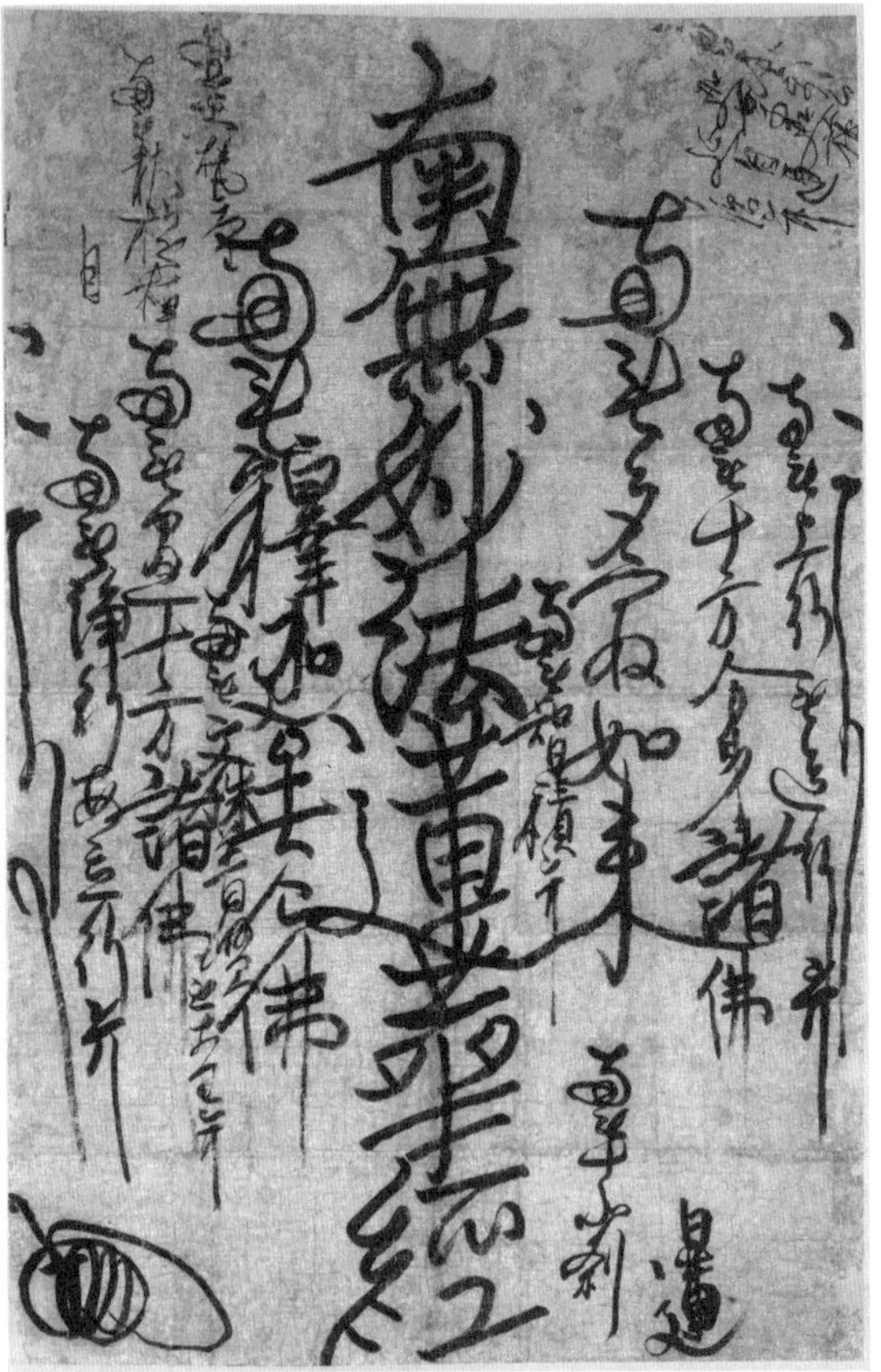

⑫ 佐渡始顕本尊（大曼荼羅本尊。蓮華王山妙宣寺蔵・新潟県立歴史博物館提供）

は、「題目」を唱えることにより凡夫の成仏として現実化するといい、それが「事の一念三千」とされる。すなわち「一念三千を知らぬ者には、仏、大慈悲をおこして、妙法蓮華経の五字のうちに珠をつつみ、末代の幼稚な衆生の頭にかけさしめたまふ」と記し、「釈尊の因位も、果位の万徳も、みなこの妙法蓮華経の五字に具足しており、我らこの五字を受持すれば、自然にかの因果の功徳をゆづり与えたまふ」と語って、南無妙法蓮華経と唱える唱題行を信者たちに勧めた。

人間の感情の変化により、一念三千の世界が凡夫の心にも備わっていることを論証したもので、他人の貌を見ると、ある時は喜びにあふれ、ある時には怒りに燃え、ある時は平静で、またある時は「むさぼりの心」を表情に示し、ある時には真理を理解できぬ愚かな表情であり、ある時はこびへつらう表情であるという。

そして怒るのは地獄界の表情であり、むさぼるのは餓鬼界、愚かなのは畜生界・修羅界、喜ぶのは天界、平静なのは人界であるとし、他人の表情を見ても、地獄界から天界までの六道がすべてそろっているのであって、声聞・縁覚・菩薩・仏の四聖界は、眼前の表情として知ることができないが、詳しくこれを尋ね求めれば、必ず把握することができる、と述べる。

『開目鈔』では「天台沙門日蓮」と署名していたが、本書ではただ「日蓮」とのみ署名するだけで、我が存在の独自性を強調、本書を富木・太田・教信房宛てに送った書状の副状には「日蓮当身の大事なり。これを秘めて無二の志を見ば、これを開拓（閲読）せらるべきか」と、極めて重要な書である、と記す。

「他見に及ぶとも、三人・四人座を並べてこれを読むことなかれ。仏の滅後二千二百二十余、未だこの書の心あらず、国難を顧みず、五々百歳を期して、これを演説す。乞ひ願はくば、一見へ来るの輩、師弟ともに霊山浄土に詣でて、三仏の顔貌を拝したてまつらん」と、弟子・檀那らに広く見せるよう語っている。日蓮は広く読まれることを願っており、本書は日蓮最重要書となった。

五月には『如説修行鈔《にょせつしゅぎょう》』で弟子信者に向け、自らの受難の体験を踏まえ、恐怖心から信心の退転がないよう、不惜身命の信行を勧め励ましているが、その宛所は「人々御中」とあり、個別に宛てていた消息が、広く弟子信者に向けるようになった。

閏五月には『顕仏未来記《けんぶつみらいき》』で法華経の未来記を顕揚し、日蓮こそ末法における世界唯一の教主であるといい、教主釈尊・天台大師、伝教大師の三師に続いて「安州の日蓮は恐らくは、三師に相承し、法華宗を助けて末法に流通す。三に加えて三国四師と号す」と、三国四師観を打ち出した。

月は西より出で東を照らし、日は東より出でて西を照らす。仏法もまたかくの如し。正・像（の世）には西より東に向かひ、末法には東より西に往く

と、「光は東方より」との自信をもって日蓮は世界帰妙の使命を深くした。この年に

は『祈祷鈔』を著し、空海の「第一大日経、第二華厳経、第三法華経」という真言宗の大日経を第一とする教相判釈について、法華経を第一に位置づけるべきであって、「法華経を背きて、真言・禅・念仏等の邪師に付けて、諸の善根を修せらるるとも、敢て仏意に叶はず、神慮にも違する者なり」と、真言宗への批判を展開した。

承久の乱で、後鳥羽院が真言宗の「御修法十五壇」の秘法にもかかわらず、隠岐に流されてしまい、順徳院が佐渡に流されたことをも記している。

佐渡を出て

文永十年（一二七三）五月、日蓮は富木常忍にあてた『真言諸宗違目』で、真言・華厳・法相・三論・禅・浄土諸宗の起こりと、その教義の誤りを指摘し、「大悪は梵釈も猶、防ぎ難きか。いかに況や日本守護の少神をや、但、地涌千界の大菩薩・釈迦・多宝、諸仏にあらざれば、叶ひ難きか」と、日本の神々が仏教界の仏に比べ、守護する力が劣るといい、弟子らが赦免を求める動きについて、「早々に御免を蒙らざることは、これを嘆くべからず」「日蓮の御免を蒙らんと欲するのことを、色に出す弟子は不孝の者なり」と誡めている。

十二月、日蓮赦免を求める動きを知った幕府は、流人僧日蓮が弟子らを引率して悪行を企てているとして、戒めを加えるよう、守護代に命じる御教書を出すと、日蓮はこの御教書は偽物であるといい、鎌倉の真言律宗の忍性らの策謀であると非難したのであるが、翌文永十一年二月十四日に幕府は日蓮の流罪を赦した。国号を元と改めたモンゴルの襲来が必至となっており、日蓮を佐渡から帰すなどして、神仏の護持を期待したのである。

赦免状を帯びる使者が三月八日に佐渡に着くが、その一行には土牢から出た弟子日朗が加わっていた。日蓮は、三月十三日に一谷を出て真浦の津に着き、念仏者が集まって危害を加えようとしていたところ、折しも順風が吹いて柏崎に到着、そこでも越後国府、善光寺の念仏者や律僧・真言僧が集まり、日蓮の通過を拒むも、警固の武士に護られて二十六日に鎌倉に到着した（『光日房御書』『種々振舞御書』）。

四月八日、日蓮が評定所に出頭すると、平左衛門尉頼綱から、「蒙古国は何比か寄せ候べき」、と問われたので、「経文は月日をささず、但し天眼のいかり頻りなり。今年をばすぐべからず」と申し、「経文にはいつとはみへ候はねども、天の御気色いかりすくなからずきうに見へて候。よも今年はすごし候はじ」と答え、今年は必ず来るであろう、もし押し寄せたら、これに立ち迎える者は一人もいない、これは天の譴責《けんせき》であって、これまで日蓮を用いなかったためであり、致し方ない。真言師らに調伏を行わせてはならず、行わせれば、事態は益々悪くなる、とも答えた。

天の御気色を見るに、と答えているが、これは、『法華取要鈔《ほっけしゅようしょう》』で「佐渡の国の土民口々に云ふ。今年正月廿三日の申の時に、西方に二の日出現す、或は云く、三の日出現す。二月五日には東方に明星二つ並び出る。その中間は三寸計り等と云々。この大難は、日本国先代にも未だこれ有らざるか。最勝王経の王法正論品に云く、変化の流星堕ち、二の日倶時に出で、他方の怨賊来って、国人喪乱等に遇ふと云々」と説いているように、日蓮は気象の異変を重視するようになっていて、国難と最勝王経の章句を結びつけて答えたのである。

四月十日、旱魃により幕府が祈雨を阿弥陀堂の加賀法印に命じると、翌日から雨が降り始め、一日一夜降り続いたので、執権の時宗は喜び、鎌倉中上下も、ほめたたえるとともに、日蓮は赦されて鎌倉に帰ってきたのに、念仏や禅を謗り、真言密教をも謗ったが、このように霊験があらたかである、と日蓮を罵《ののし》ったという。

日蓮の弟子も疑いをもつが、日蓮は、「天台大師や千観上人のように即座に降らすのが尊いのであり、法印の祈祷で雨が降り出したのは、定めて子細があることだろう」と語っていたが、そのうちに大風が吹き、大小の舎宅や堂塔・御所などが天に吹きあげられ、地に吹き倒され、人畜を殺傷したので、法印の祈雨は無効だったこととみなされ、弟子たちは不思議なことよ、と舌を震わせたという。

日蓮は『立正安国論』上申に始まり、文永八年九月の評定所での対決、そしてこのたびの「三たびの諫め」を行ったのだが、聴かれずば則ちこれを去る、という古訓に従って、五月十五日に鎌倉を去り、甲斐の南巨摩郡波木井郷の身延山へと向かった。

赦免された時、どんな山中・海辺にも隠れてしまえばよかったのだが、今一度、平左衛門尉頼綱に申し聞かせ、日本国に攻め残される衆生を助けんがために鎌倉に上ったのであれば、申し聞かせた上は、もう鎌倉にいる必要がないので、足に任せて出立した、と語っている（『高橋《たかはし》入道殿御返事』）。

五　身延の日蓮

身延入山

文永十一年（一二七四）五月十二日に鎌倉を出た日蓮は、その夜に酒匂《さかわ》宿に泊まり、翌日に足柄《あしがら》峠を越えて竹の下、十四日は黄瀬《きせ》川に沿って車返《くるまがえし》、十五日には富士山麓の浮島ケ原を通って大宮、十六日は甲斐南部《なんぶ》郷《ごう》内房《うつぶな》の信者の家に泊まり、翌日に富士川を遡り、波木井に到着、地頭の波木井実長《さねなが》の迎えを受け、身延山近くに泊まった。

日蓮が身延の地を選んだのは、波木井実長の招きもあるが、幕府に三度諫言して得られずに山林に隠れる覚悟を抱いていたことや、蒙古来襲を必至とみて、その時に身延山中を法華経の道場とし、正法を宣布、一向大乗の国を再建すること、さらに閑静な地にあって弟子を招いて学ばせ、後継者を教育することなどがあげられる。

身延は、甲斐の飯野《いいの》・御牧《みまき》・波木井三郷のうち波木井の西北隅にあり、北に身延嶽が天をいただき、南に鷹取《たかとり》嶽が雲に続き、東には天子《てんし》嶽が天日と高さを競い、西には峨々たる大山が続いて白根《しらね》嶽に連なり、猿の鳴き声は天に響き、蝉の声は地に満つ地である。天竺の霊山がここに移り、唐土の天台山を目の当たりに見る思いがしており、我が身は釈迦仏でもなく、天台大師でもないが、昼夜に法華経を読み、朝暮に摩訶止観を講ずると、霊山浄土にも似て、天台山とも異ならない、と『松野殿《まつのどの》女房御返事』に書き送っている。

『妙法比丘尼御返事』には、北は身延山と申して天に橋を立て、南は鷹取と申して鶏《けい》足《そく》山のようで、西は七面と申して鉄門に似、東は天子ケ嶽と申して富士山の太子に当たり、この四山は屏風のようである。北に早河という大河があって、急流箭のごとく、南に波木井河があって大石を木の葉のように流し、東には富士川が北から南に流れ、千の鉾《ほこ》をつくようで、山内に身延の滝が白布を天から引く感がある。

ここに我が庵室がある。深山であるから昼も日の光を見ず、夜も月を眺めることがない。嶺には巴峡の猿がかまびすしく哭《な》き、谷には波の下る音が鼓を打つようである、と記し、その庵は、「天雨をのがれ、木の皮をはぎて四壁とし、自死の鹿の皮を衣とし、春は蕨を折りて身を養ひ、秋はこのみを拾ひて命を支へ候」ものであった（『秋元太郎兵衛殿御消息』）。

「木の下に木の葉打ちしきたるやうなるすみか」であり、今様に謡われた山中に住む聖のような生活を送った。筍や茸は塩がないので味は土のよう、山中とて塩には難渋、塩一升を銭百で買い、塩五合と麦一斗と換え、「衣も薄く寒さを防ぎがたく、食絶えて命すでにをはりなんとす」と語っている（『上野殿御返事』）。

「苔は多けれども、うちしく物候はず、木の皮を剥いで敷物とす。筵いかでか財とならざるべき」（『筵三枚御書』）、「うちしく物は草の葉、きたる物は紙ぎぬ、身の冷ゆる事は石の如し（『四条金吾許御文』）とも記している。このように衣食に窮乏していたので、鎌倉の門人・信徒から、銭や白米・麦・芋などの食料や布・綿の衣料が時折、届けられてきた。

七月に富士西麓の上野郷の南条時光が庵室を訪れ、銭などを届け、翌年に時光は上野の館の増築を始めたことから、その七月に白麦一俵、小白麦一俵・河海苔五帖を送ってきたので（『南条殿御返事』）、日蓮は、火災の難をふせぐために棟札を送っている（『上野殿御返事』）。

八月の『異体同心事《いたいどうしんのこと》』では、「蒙古襲来のことが、そらごとになるならば、日本国の人々いよいよ法華経をそしって、万人地獄に堕ちるであろう。かの蒙古が攻めてくるならば、国は亡ぶとも正法を謗ることは少なくなろう」と、国は滅びても、結果として正法を謗ることは薄くなろうから、国が亡びることは情けないことだが、そのほうがよい、と記す。

一閻浮提の認識と唱題行

『異体同心事』で、日蓮は「法華経の御使、日本国の人々は、大族王が一閻浮提《いちえんぶだい》の仏法を滅ぼしたがごとくである。蒙古国は雪山の下王のごとくであり、天の御使として、法華経の行者を怨む人々を罰せられるであろう」と、蒙古襲来を予知している。

ここで一閻浮提と記すのは、人間世界、我々の住む世界、地上世界というほどの意味だが、閻浮提の前に一を付し、蒙古を含めた全世界という意味で使用している。一閻浮提の語は、佐渡に流される以前には、「末法に入りて二百年が間、月氏・震旦・日本・一閻浮提の内に」（『四条金吾殿御返事』）と記し、インド・中国・日本の三国世界観に基づいて、それらと並列して使っていた。

ところが、文永十二年（一二七五）二月頃の書状では、「日本が六十六国・二島已上六十八ケ国、東西三千余里、南北は不定也。この国に五畿七道あり、五畿申すは、山城・大和・河内・和泉・摂津等也。七道と申すは東海道十五か国」からなるという地理的認識を示した上で、「我が日本国は一閻浮提の内、月氏・漢土に優れ、八万の国にも超えたる国ぞかし」と記すように変化しており、並列ではなく、それらを覆うものとして使われるようになってきた。

建治二年（一二七六）七月の『報恩鈔《ほうおんしょう》』にも「日本ないしは漢土・印度、一閻浮提にある人ごとに有智無智をきらわず、一同に他事を捨て、南無妙法蓮華経をとなえよ」と記し、日蓮は佐渡に流されて以後、一閻浮提の語を頻繁に使用するようになる。佐渡に流されて、現実の地理的空間を見つめるようになり、空間への認識が変化したのである。

その認識は「日本国は六十八か国、六百四、郷は一万余、人数四十九億九万四千八百二十八人」「寺は一万千三十七所、社は三千百三十二所」と、人口や社寺数を具体的に記すことにも及んでいる（『曽谷《そや》二郎入道殿御返事』）。億とは現在の十万のことで、他の書状から日本の人口は約四百九十九万、男は百九十九万、女は二百九十九万ほどであったという。

先に平頼綱から「蒙古国は何比か寄せ候べき」、と問われた時に、「経文は月日をさず、但し天眼のいかり頻りなり」と答えたように、経文によらずに現実を捉えるようにもなっていて、この認識を得るに至った一つの要因に日本図の存在もあろう。

安房妙本寺に伝わる日本図は、日本のほか百済・新羅・高麗・蒙古・刀伊《とい》・多堪《たたん》国・唐土・琉球国・エスノ千島なども描かれていて、まさに一閻浮提図であり、この図を用いて日蓮は身延山中で講義していたという(『蒙古国幷新羅国高麗国百済賊来事』『異賊襲我国』)。

日蓮は一閻浮提の語を、院政期に編まれた『宝物集』巻二に「阿育大王の一閻浮提の主たりし」とあることから構想したらしく、「阿育大王と申す王出現して、一閻浮提三分一の一分が主となりて」(『南条七郎次郎殿御返事』)などと記している。

『報恩鈔』は、先の文章に続けて、南無妙法蓮華経を唱えることを「未だ弘まらず、一閻浮提のうちにて二千二百二十五年の間、一人も唱えておらぬ。日蓮一人南無妙法蓮華経、南無妙法蓮華経と声も惜しまず唱えたのである」と、題目を唱える唱題行に傾注していることを記しているが、翌年の駿河岡宮の妙法尼に宛て消息では次のように記す。

妙法蓮華経をひとたび唱えたならば、一切の法菩薩、一切の声聞、一切の梵天王、帝釈天・閻魔法王・日月・衆星・天神・地神ないし地獄・餓鬼・畜生・修羅・人間・天人・一切衆生の心の中の仏性をよび顕わしたてまつる功徳は無量無辺である。

妙法蓮華経はもはや単なる経典の題目ではなく、悟りそのものであって、それが凡夫の本性でもあった。唱題は自分自身を呼び、すべての人々を呼び、真理に向かって呼ぶことであった。

文永十一年十二月に「万年救護本尊」⑬と称される大曼荼羅を図顕したが、その縁起文には「大覚世尊御入滅の後、二千二百三十余を経歴す。しかりと雖も月・漢・

日三カ国の間に未だにこの大本尊有さず。或は知ってこれを弘めず、或はこれを知らず。我たまふ。後の五百歳の時、上行菩薩、世に出現して、始めてこれを弘宣したまふ」と記し、日蓮は上行菩薩の自覚をもって大曼荼羅を図顕した。長さは百六センチ、幅五十六、七センチと長大で、保田妙本寺に伝来している。

「蒙古襲来」と身延の日々

文永十一年（一二七四）十月、元・高麗連合軍は朝鮮半島の合浦を出て対馬・壱岐を侵攻し、十月二十日に博多湾の鳥飼辺に上陸、一時は大宰府にまで至り、集団戦法と「てつはう」の武器で日本軍を苦しめたが、大宰府を攻め落とせぬまま、御家人の戦いや、蒙古軍の内部対立もあって七日ほどして退いた。

この報を聞いた日蓮は、南条時光に語る。大蒙古国より攻め寄せて来たというが、日蓮の申したことを用いていればどうなったであろうか、哀れである。日本国中の人が今の壱岐・対馬の人のようになるだろう、と思えば、涙もとまらない有様であり、念仏・真言僧がこの戦いを調伏すれば、百日戦うはずのところが十日に縮まり、十日の戦いが一日に攻め落とされよう、今、はじめて申すのではない、二十余年の間、声を惜しまず、よびかけ続けてきたことである。

十二月二十五日の『顕立正意鈔《けんりゅうしょういしょう》』では「今年すでにかの国災兵のうえ二か国を奪い取る。たとい木石たりといえども、感ずべく驚くべきに、偏に只毎に事にあらず。天魔の国に入って酔えるがごとく、狂えるがごとく、嘆くべし、哀れむべし、恐るべし、厭うべし」と記し、「今符合するをもって、未来を案ずるに、日本国上下万人、阿鼻大域に堕せんこと、大地を的となすがごとし」と、未来を予知している。

この年の四月に佐渡で日蓮を扶養した国府入道が、妻の志として海苔や若布を土産に携え訪ねてきたので、その妻に、志を誠にありがたく思う、いよいよ信仰を色にあらわし、功を積まれていることを喜んで、もし蒙古が襲来したならばここに移り住む

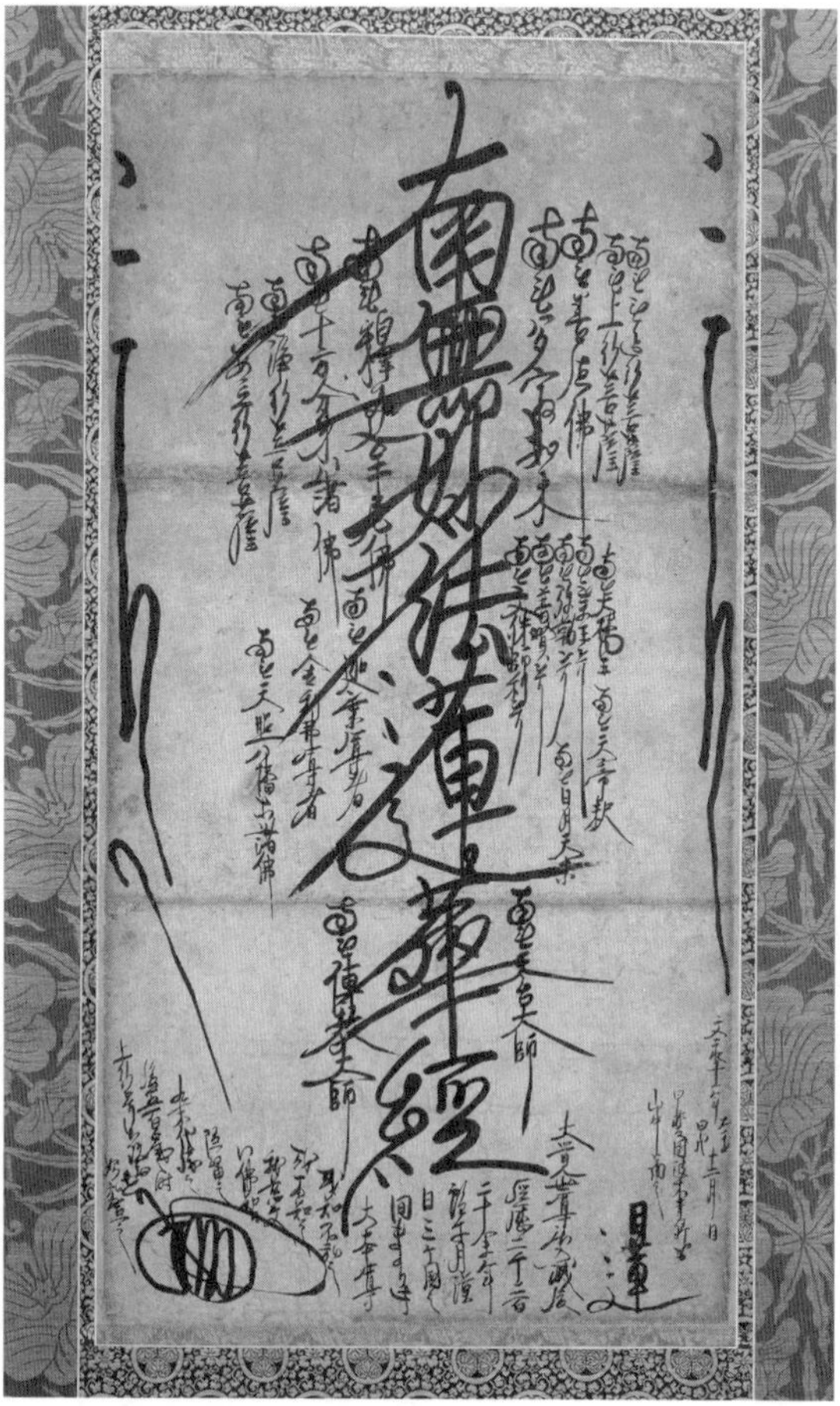

⑬ 万年救護本尊（大本山妙本寺蔵）

ように伝えている。下総の富木胤継や駿河の南条時光も身延を訪れ、富木入道は母の法日尼が没したので遺骨を奉じて身延に来て日蓮に会っている。

建治二年（一二七六）、高齢の阿仏房が佐渡から訪ねてきて、翌三年六月にも妻千日尼からの贈物、銭三百文、単衣一領を携えて来訪、弘安元年（一二七八）七月に千日尼の亡夫の十三回忌の志一貫文を携え、三度目の身延への訪問があった。

日蓮は、千日尼や国府入道の安否を尋ね、千日尼に対し、盲目の者が開眼し、亡夫母が閻魔宮から寄越した音信を夢の中で読むような悦びだと記し、三度まで夫をつかわす志は大地よりも厚く、大海よりも深い志である、と謝している。阿仏房が翌年三月に九十歳で亡くなると、子の盛綱が遺骨を奉じて身延に詣でて埋葬、父の跡を継いで熱心な法華経行者となった（『阿仏房鈔《あぶつぼうしょう》』）。

身延は気候が烈しく冬は十月に雪が降り、半年は雪のなかに閉ざされており、日蓮は「昼夜の行法も膚薄すにては堪へ難く辛苦にて候」（『観心本尊得意鈔』）と建治元年の冬に記し、弘安元年は特に寒さがひどく、庵室付近一町ほどの間には雪が一丈乃至二丈五尺も積もったが、着物が薄く食物は乏しく、木を提供するものもなく、手足は寒さのために切りさけ、去年十二月から患っていた下痢が起こりがち、と『兵衛志殿《ひょうえさかんどの》御返事』に見える。

四条金吾頼基がその病気を見舞うため、医薬や小袖、食物、新穀、酒を携えて訪れると「今度命が助かったのは、偏に釈迦仏が貴辺の身にいり替わって助けられたものかと」と感謝し、鎌倉への帰途の難を憂い、人に金吾の様子を尋ね、無事を知って安心し、旅に出る時は馬を惜しまず、良い馬に乗るように伝えている（『四条金吾殿御返事』）。

諸国で広がる疫病について、日蓮は弘安元年二月十三日の書状で、「去年の春より今年の二月中旬まで疫病充満。十家に五家、百家に五十家、皆病みぬ」と記し（『松野殿御返事』）、六月の日女御前への書状で、鬼神には善鬼と悪鬼がおり、去年・今年の「大疫病」は、善鬼が『法華経』の怨みを食し、悪鬼が『法華経』の修行者を食したことから起きたもので、国王が『法華経』を信じることにより、人々の疫病も治る、と説いた。

門人・信徒らが相次いで身延を訪れた。時に相当数の人がいて、「人があまりいない時で四十人、いる時で六十人」であって、心では静かに庵室を結んで読んでいようと思っていたのに、こんなに煩わしいことはない、と述べている（『兵衛志殿御返事』）。弘安二年から三年にかけても一丈の大雪で、四壁は氷を壁とし、軒のつららは道場瓔珞《ようらく》の玉に似て、室内には雪を米と積む状態であり（『筒御器鈔《つつごきしょう》』）、このため騒がしい弟子は四散した。

熱原《あつはら》の法難と女性への書状

日蓮には幾多の法難があったが、弟子らにとっても様々な法難があり、なかでも熱原の法難ほど激しいものはなかった。駿河上野郷の領主南条時光と親交がある日蓮高弟の日興は、富士郡熱原郷で教えを弘めてゆき、南条氏の姻戚である松野六郎左衛門や西山入道・高橋入道・三沢氏など、最大の門徒集団をつくりあげていた。

そのことから、真言宗滝泉寺の学徒五人が身延を訪れ、日蓮の法義を聞いてからというもの、三人が改宗し、日弁《にちべん》・日秀《にっしゅう》・日禅《にちぜん》と名を改めたので、在地の有力者の滝泉寺院主代の平行智が三人を叱責するが、きかなかったため、幕府の平頼綱と結んで抑圧を計画、弘安二年（一二七九）に刈田狼藉などを理由に訴え（『滝泉寺申状』、日弁の父という熱原郷の神四郎国重《くにしげ》ら門徒二十人を捕らえ、鎌倉に連行して念仏への改宗を強要した。

日弁・日秀は、日興の指導のもとで申状を作成し、その不法濫行を訴えたので、日蓮はそれを添削して草案を返したが（『伯耆殿《ほうきどの》御返事』）、問注には間に合わず、神四郎ら三人は処刑されてしまう（『伯耆殿御返事』）。その非法を聞いた日蓮が、日興等の冤《えん》をそそごうとしたことから、頼綱も日蓮門下の強い覚悟を見て、熱原の法難は斬殺だけで手を引く。

日蓮はこれまでも女性には特にこまやかで情にあふれた書状を多く出してきたのだが、弘安三年七月に鎌倉に住む妙一女に対しては、やや違っていた。「弘法・慈覚・智証・安然の義と日蓮の義とはいずれが優れているか、日蓮の義がもし百千に一つも道理に叶っているならば、どうして助けられないのか、かの人の義がもし邪魔ならば、日本の一切衆生が無限の報をうけているのを、不憫と思はれぬのか、日蓮が二度も流罪になり、結局は頸斬られそうになったのは、釈迦・多宝・十方の諸仏の頸を斬ろうとするものである」と、ここまでは比較的わかりやすく記す。

ところが、これからは、突然に「日月は一人であっても、四天か一切衆生の眼であり、命である。日月は仏法を嘗めて威光勢力をましたまうのである」と、前後の文脈の整わない表現が続き、相手が理解できるか、できないのか、まるで念頭にない書きぶりとなる。

同年、一年前に阿仏房を亡くした千日尼に送った書状を見ても、「男は柱のごとく、女は桁のごとし。男は羽のごとく、女は身のごとし。羽と身とが別になったならば、どうして飛べようぞ。柱が倒れたならば、桁は地におちるであろう。家に男がなければ、人に魂がないようなものである」と、男女の役割を記しているのは注目されるところでよくわかる。

ところが、続く「公事を誰に相談するのか。よき物を誰にあげようぞ、一日、二日離れてさえ心もとなく思うのに」と始まって、「月は山の端に入ってもまた現れる、雲は消えてもまたやってくる」と優しい言葉ながら、一年前の夫を亡くした悲しみ、忘れかけた悲しみを、思い出せ、思い出せ、と迫っている。このように相手が理解するかわからないような書き方、相手を追及するかのごとき書き方は、五十九歳という年のせいか、あるいは先の短いことを知ってのことであろう。

弘安三年四月、藤原広宗《ひろむね》に曼荼羅本尊⒁（本法寺蔵）を図顕して与えたが、それは幅六十・九センチ、幅四十センチで、中央に南無妙法蓮華経を大書し、それを神仏や人師が取り囲み、四隅に四天王を配座、下段には極めて個性的な花押を据える。特徴的なのは、釈迦如来と多宝如来を除く他の諸尊が、すべてその位格とは左右逆に配座されている点で、釈迦・多宝二仏と諸菩薩とが対面するようなイメージとなっている。

この年に鶴岡八幡宮が焼けると、八幡大菩薩が日本国に正直な人がいない故に、宮を焼き天に上ったと解釈し（『四条金吾許御文』）、八幡大菩薩に諫言する『諫暁八幡鈔《れんぎょうはちまんしょう》』を十二月に著し、文永十一年に大蒙古が来襲して日本国の兵が数多く殺害され、筥崎《はこざき》宮の宮殿も焼かれたのに、なぜ、かの国の軍勢を罰しなかったのか、と問い、大菩薩が宝殿を焼いて天に上っても、法華の行者は日本国にいるならば、ここに住むであろう、と日蓮は八幡大菩薩とともにあることを記している。

再度の蒙古襲来と身延退去

元の再来が必至となるなか、幕府は建治《けんじ》元年（一二七五）に元使の杜世忠《とせいちゅう》らを鎌倉龍口で斬首し、翌年には鎮西の御家人に命じて博多湾に石築地を築かせ上陸を阻止する措置を講じ、弘安二年（一二七九）にも、元使周福《しゅうふく》を博多で斬首した。同年、南宋を滅ぼした元はついに弘安四年に侵攻してきた。

これまで日蓮は、数千万の人々が縄につながれるなどと言っていたのだが（『智恵妙《ちえみょう》房《ぼう》御返事』）、その予言は元軍の侵攻で外れ、六月十六日の『小蒙古御書』で「小蒙古の人、大日本国に寄せくるの事、我が門弟並びに檀那らのなかに、もし他人に向かひても、将又、自らにも言語に及ぶべからず、もしこの旨を違背せば門弟を離す」と、門弟に向かって、他言するのを禁じている。

元軍が敗退すると、富木胤継の書面が身延に届いた。鎮西で大風が吹いて浦々島々に破損の船が充満したことや、京都で西大寺の叡尊《えいぞん》が尊勝陀羅尼《だらに》の修法で蒙古を退治

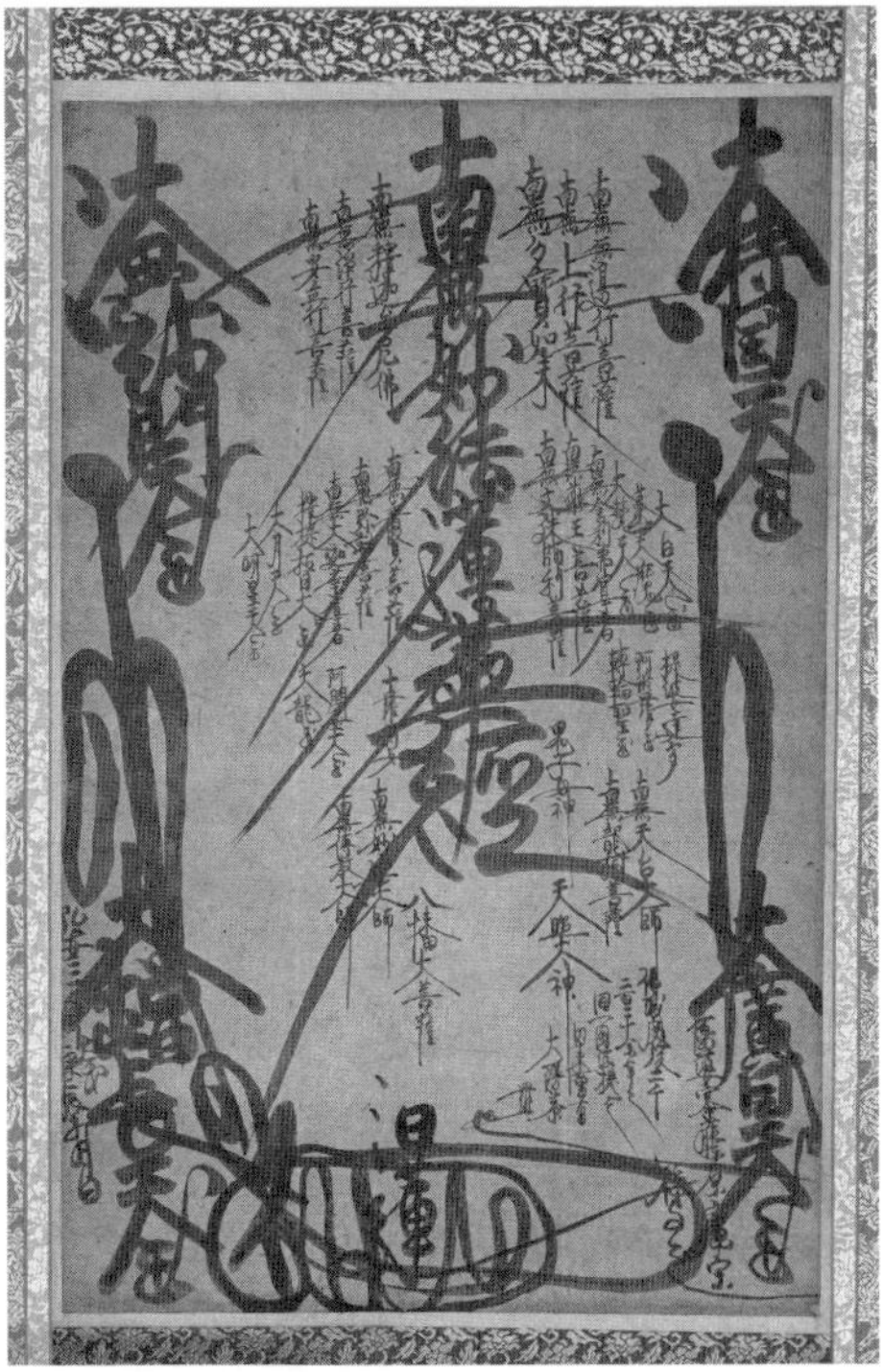

⑭ 曼荼羅本尊（叡昌山本法寺蔵）

できたという説を伝えると、日蓮は叡尊の風説は道理がないと斥け、日蓮を失うための虚構であり、祈祷が成就したように言っている、などと答えている。かつての気迫に満ちた答えになっておらず、日本が滅亡せずに困難を免れると、自らも口を閉ざし、門人にも沈黙を守らせるようになった。

それというのも日蓮は、弘安四年春から胃潰瘍《かいよう》の症状が悪化していた。五月二十六日に池上兄弟に宛てた消息に「この七八年は年々病気があってもその都度治ったが、今年は正月からその症状が現れて、生涯も終わりになろう。そのうえ齢も六十になり、万一今年は生きながらえても、一、二年も延びることは難しい」と、死期が近づいたことを予感している。

そうした日蓮を慰めるために、少ない時でも四十人、多い時でも六十人がやってきたこともあって、広い堂を建てる必要から、庵室に付属の家屋が建て増され、弘安四年秋に十間四面の本堂が建った。天台大師の恩に報じるため「銭四貫をもちて、一閣浮提第一の法華堂造りたりと、霊山浄土に御参り候はん時は、申しあげさせ給べし」と、富木入道に伝え、十一月二十四日に天台大師講を新堂で勤修、落慶法要を行った（『地引御書』）。後の久遠寺である。

十二月に入ると、病はつのるばかりで、南条時光の母の酒や薬の贈り物の礼状に、今年は春からの「やせ病が起こり、この十余日はすでに殆ど止まり、身体は石のように冷え、胸は氷のように冷たい」といい、贈物の酒を温め、薬を食いきって飲んだところ、胸に火を焚き、湯に入ったような気がした、と喜びを述べている（『上野殿母尼御前返事』）。

冬も過ぎ春が訪れると、新春の喜びを寿《ことほ》いだが、秋も冷気身にしむ九月になると、冬は山中で送れない病状から、常陸の温泉で療養する名目で山を出ることになる。波木井実長が奉った良馬に乗り、子の実継や郎等が警護、門人数人が付き従って、九月八日に身延山をあとにした。

日蓮入滅

富士川をのぼり、下山の兵衛四郎家に八日夜に泊まり、九日は日興と縁がある鰍沢《かじかざわ》の大井荘司の館、十日は甲府盆地南の曽根《そね》、十一日に黒駒《くろこま》、十二日に御坂《みさか》峠を越えて河口湖畔の河口、十三日は富士の麓を辿って吉田の下の呉地《くれち》に泊まった。

十四日は山中湖畔を経て、三国峠・明神《みょうじん》峠を越え、足柄の西麓の竹の下、十五日は相模の関本《せきもと》、十六日は平塚の長谷川邸、十七日に境川の西南の瀬谷《せや》、十八日は武蔵千《せん》東郷《ぞく》の池上の宗仲館に入った。ゆったりした足取りである。

実継らが身延に帰るのに託して実長に書簡を送り、別事なく池上に着いたこと、難路であったが守護されて無事に着いたことを伝えるとともに、九年の間、帰依した志は言葉にはつくされず、墓は身延の沢に造ってほしい、乗ってきた栗鹿毛の馬は可愛らしく、常陸の湯に連れて行きたいのだが、湯から帰るまで上総の藻原殿の許に預けておくことにする。

十月七日の最後の消息は、波木井実長らにあて、「武蔵の国池上右衛門大夫宗長が家にして死ぬべく候か。たとひいづくにても死に候とも、九か年の間、法華経を読誦し奉り候山なれば、墓を身延山に立てさせ給へ。未来際までも身延山に住むべく候」と述べている。

池上邸に着いてから、病はいよいよ重くなり、湯治は不可能になって、鎌倉をはじめ各地から弟子・檀那が見舞いに駆けつけた。十月八日には日興に執筆を命じて本弟子として、日持・日頂・日向・日興・日朗・日昭の六人を定める。

十月十日には弟子檀那に御遺物分けがあり、十一日に幼少の門人平賀経一丸《きょういちまる》に京都布教を命じ、十二日夕から枕頭に自筆の大曼荼羅を掛けさせ、十三日卯の刻には、池上夫妻が鎌倉から帰ってきて枕頭に詰め、同日辰の刻に日蓮は、弟子らとともに法華経を読誦しながら、六十一歳を一期に入寂した。

十四日の戌の刻に納棺、子の刻に出棺、日昭が後を担《にな》い、日興以下が棺側に従って荼毘所に至り火葬に伏した。遺骨は初七日を過ぎた十月二十一日、身延へ送られた。二十五日に身延に着いて墓所に葬られた。

遺された本弟子は分裂、分派して教団を形成した。日興は、熱原の法難から訴訟闘争を行い、駿河富士郡に大石寺を開いた（富士門流）。日向は、上総茂原に妙光寺を開創、身延の波木井実長の外護を得て身延門流の基礎を築いた。日朗は、鎌倉に妙本寺を建立し、正応元年（一二八八）に池上に日蓮御影堂を築き、比企門流・池上門流の関東門流の中心になった。

日蓮配流の地を訪れる人は多く、日朗の弟子にあたる肥後坊日像《にちぞう》は佐渡の日蓮の旧跡を巡拝した後、京都に向かう途中で能登に立ち寄ったのが機縁になって、日蓮宗の能登布教が始まり、さらに京都での布教へと及んでいる。図は日像の法孫の日実が開いた妙覚寺の日蓮座像（⑮）で、法華経と扇を手にする。

⑮ 日蓮座像（日蓮宗本山妙覚寺蔵）

おわりに

日蓮は佐渡で執筆した『観心本尊抄』で、「一念三千」（一瞬の思念の中に三千世界の実相を見る）の境地を己がものとできない者であっても、「唱題」（南無妙法蓮華経と唱える）だけで、釈迦仏の大慈悲によって自己のものとすることができるよう釈迦仏がはからってくれると説き、佐渡に流されて新たな境地を獲得し、自己と仏との一体化を図示する文字曼荼羅を「本門の本尊」と称して信者に渡し、信者を増やしていった。すなわち、日蓮の「立教開宗」の地は小湊ではなく、佐渡であった。これまで小湊と考えられてきたのは、佐渡での立教開宗を遡って考えてきたからであり、佐渡以前の日蓮は、日本第一の法華経の行者であった。

佐渡で始まった日蓮宗は、弟子に継承され、幾つかの門流に分かれ、そのうち公家や武家への法門奏上と王城弘通を試み、京に拠点を置いたのが、妙顕寺を中心とする四条門流、本圀寺《ほんこくじ》を中心とする六条門流で、ほかにも富士門流や中山門流も京に進出して町人の信仰を獲得してゆき、その財力によって寺院を形成し、京都の法華寺院は二十一カ本寺と称され、大きな勢力を築くようになる。

貞和四年（一三四八）の『峯相記《みねあいき》』は、本朝の仏教の宗派十一家の華厳宗・真言宗・天台宗以下律宗をあげて内容を語り、当代では日蓮による法華宗が広がっているといい、さらに室町期になると、九州へと広がっていった。

日蓮の世界観は、日蓮宗の信者の織田信長にも継承された。上洛をめざし、天下泰平を自らの手で実現しようとした。天正七年（一五七九）五月には、安土で浄土宗の長老に法華信徒が問答を仕掛けて論争となり、都鄙の僧俗が安土に集まったのを伝え聞いた信長は、判定を信長がすると両宗に伝え、五月末、五山南禅寺の鉄叟景秀《てつそうけいしゅう》らを宗論の判者に招き、安土町末の浄厳院の仏殿で、浄土宗の僧（玉念《ぎょくねん》・貞安《ていあん》・洞庫《どうこ》）と、法華僧（日珖《にちこう》・日諦《にちてい》・日淵《にちえん》）との間で宗論が行われた。

順徳院は、佐渡で『禁秘抄』を完成させたが、これは天皇を中心とする朝廷のあり方を定めた書として後世に大きな影響を与えた。慶長二十年（一六一五）七月の『禁中幷公家中諸法度』第一条は、「天子諸芸能の事、第一は学問也」と記している。『禁秘抄』に基づいて徳川幕府が規定した法度であって、近代の明治宮廷においても進講が行われてきた。『八雲御抄』は、藤原定家に送られ、為家が書写し、その後も書写されていったが、このような本格的で体系的な歌学書は以後、著されることはなく、大きな影響を与えることになった。また『順徳院御集』や『順徳院百首歌』などの多くの歌は、勅撰和歌集に採られた。

二人の流人はともに佐渡において、その後に大きな文化的・政治的影響を与えることになったのである。

【参考文献】

明月記研究会編『明月記研究』七号、二〇〇二年
浅田徹『八雲御抄試論』
兼築信行・田渕句美子『順徳院詠「御製歌少々」を読む』
今村みゑ子『順徳天皇と音楽』
秋山喜代子『順徳天皇と蹴鞠』
植木朝子『順徳院と今様』
藤川功和『「平戸記」の順徳院』
芸林会編『順徳天皇とその周辺』臨川書店、一九九二年
『順徳院御集』（紫禁和歌集）『新編国歌大観』十
『順徳院百首歌』『続群書類従』十五輯下
大野達之助『日蓮』吉川弘文館、一九五八年

佐々木馨編『法華の行者　日蓮』吉川弘文館、二〇〇四年
紀野一義編『日蓮』（日本の名著八）中央公論社、一九七〇年
戸頃重基・高木豊編『日蓮』（日本思想大系十四）岩波書店、一九七〇年
丹治正弘「日蓮の世界観の転換」『放送大学日本史学論叢』五号、二〇一八年、後に『日蓮と世界認識』同成社、二〇二二年

〔著者紹介〕

五味文彦（ごみ　ふみひこ）

1946年生まれ。東京大学文学部教授を経て、現在は東京大学名誉教授。放送大学名誉教授。『中世のことばと絵』（中公新書）でサントリー学芸賞、『書物の中世史』（みすず書房）で角川源義賞、『現代語訳　吾妻鏡』（共編、吉川弘文館）で毎日出版文化賞を受賞。近著に『文学で読む日本の歴史』（全5巻、山川出版社）、『日本の歴史を旅する』（岩波新書）、『鎌倉時代論』（吉川弘文館）、『絵巻で読む宮廷世界の歴史』（山川出版社）、『学校史に見る日本——足利学校・寺子屋・私塾から現代まで』（みすず書房）など。

順徳院《じゅんとくいん》と日蓮《にちれん》の佐渡《さど》——流人《るにん》二人《ふたり》の生涯《しょうがい》

2023年2月15日　第1版第1刷印刷　　2023年2月25日　第1版第1刷発行

著　者　五味文彦

発行者　野澤武史

発行所　株式会社 山川出版社

〒101-0047　東京都千代田区内神田1-13-13

電話　03(3293)8131(営業)　03(3293)1802(編集)

https://www.yamakawa.co.jp/

印　刷　株式会社太平印刷社

製　本　株式会社ブロケード

装　幀　新保恵一郎（グラフ）

本　文　梅沢 博

 ISBN978-4-634-15228-1 C0021